「個人化」する権威主義体制

侵攻決断と体制変動の条件

大澤 傑 ― 著
Suguru OSAWA

明石書店

はしがき

2022年2月に始まったロシアによるウクライナ侵攻は、1年以上が経った2023年4月現在でも世界を震撼させ続けている。

この侵攻は大方の予想に反して「非合理」に行われたことから、多くの国際政治学者たちがこれまでの分析モデルを省察している。国際政治学者の細谷雄一は、合理性に基づく楽観論が存在したことを問題視し（細谷 2022）、ロシア政治専門家の廣瀬陽子は、ロシアのウクライナ侵攻を読み切れなかったことを悔いるとともに、非合理な開戦を選択したウラジーミル・プーチン大統領の「個性」を読み解く必要性を主張した（廣瀬 2022）。同様の主張は国際政治学の必読書とも呼ばれる著書『国際紛争――理論と歴史』（第8版からジョセフ・ナイ・ジュニアとの共著、田中明彦・村田晃嗣訳、有斐閣）を執筆したデイヴィッド・ウェルチなどからもなされている（ウェルチ 2022）。

たしかに、歴史は常にリーダーの合理的な意思決定に基づいて紡がれてきたわけではない。

むしろ偶然性や偶発性の積み重ねによって形作られてきた面もある。とすれば、我々はロシアのウクライナ侵攻をプーチン大統領という「稀有な存在」による「偶発的な出来事」として捉えるしかないのだろうか。もしそうであれば、人の考えはその人にしかわからないのであるから、国際政治学者は、生育歴や経歴、交友関係などからリーダーの思考様式を予測することによってしか国際政治の趨勢を読み解くことはできないのだろうか。[1]答えはイエスでもあり、ノーでもあろう。

とはいえ、そもそも大規模な動員を要する戦争を一人の決定で行うことが可能なのだろうか。ここで一旦、政治におけるリーダーの権限について考えてみたい。日本でも新首相が誕生すると、その人の経歴や人となりが報道される。そして、その人の性格やこれまでの実績から、「きっとこんな政策をするはずだ」という議論がメディア等を通じてなされる。しかし、実際には、首相は様々な政治的制約を受けながら意思決定を行うため、リーダーの「個性」が政策に表れることは限定的である。

これに対し、ロシアと日本は政治体制が違うではないかという指摘もあろう。ロシアの政治体制は日本と違って「開かれていない」非民主主義、いわゆる権威主義体制だからである。しかし、政策形成において一定の制約がかかることは、民主主義国家だけでなく、権威主義国家でも概ね同様である。権威主義においても、リーダー（いわゆる独裁者）は必ずしも自由に意思決定ができるのではなく、権力を維持するために様々な制約を受けている。重要なのは、その制約の度合いの濃淡と、どのような制約が存在するかである。

このような国家の統治の仕組みに注目するのが政治体制論である。各国の政策決定におけるリーダーの「個性」の表れやすさは、この政治体制の様態にかかっている。そこで、本書では、「非合理」にも思える独裁者の意思決定を読み解くために、独裁者個人のミクロな「個性」に注目するのではなく、政治体制というマクロな視点からアプローチを試みたい。すなわち、独裁者が「非合理」な意思決定をするに至った影響と、それを可能とした構造を問うのである。

しかしながら、現存する権威主義体制を分析することは難しい。権威主義体制は民主主義体制と違って情報の透明性に欠けるからである。そのため、比較政治学者は各国の統治のメカニズムに注目し、権威主義にはいくつかのタイプがあることを発見し、それらにおける政策形成過程を定式化してきた。つまり、独裁者の「個性」は何によって、どのように制約されるのか、それによって独裁者がどのような選択を行うのかを分析してきたのである（Frantz 2018: 44-45（邦訳：63-64））。

複数の権威主義体制の類型があるが、その中で最も政策に独裁者の「個性」が表れやすいのは、独裁者に権力・権限が集中する個人支配である（**表1**）。逆に言えば、そうでない体制では、独裁者の「個性」は（個人支配と比べて）政策に表れにくくなる。

表1　政治体制の分類

<table>
<tr><td rowspan="2">民主主義</td><td colspan="3">権威主義</td></tr>
<tr><td>一党支配</td><td>軍事支配</td><td>個人支配</td></tr>
</table>

出所：筆者作成。

本書では、ウクライナ侵攻によって世界に激震を与えたロシアに加えて、台湾侵攻の可能性が懸念される中華人民共和国（以下、中国）、核開発を進め、ミサイル発射を繰り返す朝鮮民主主義人民共和国（以下、北朝鮮）を取り上げる。これらの3か国は軍事力が大きく、日本のみならず世界にとって安全保障上のリスクが高いと認識されている。世界ランキングを見ても、軍事費では中国が2位、ロシアが3位、兵員数では中国が1位、北朝鮮が4位、ロシアが5位に位置づけられている（**図1**）。さらに、いずれも政治体制における個人支配の完成、ないし個人支配への接近、いわゆる「個人化」が進んでいる。

これらの3つの国については、単一事例に特化した緻密な研究が蓄積されている。しかし、本書ではあえて3つの国で生じた個人化の過程と政治体制の特徴を同じ角度からマクロに捉え、そこから各国の対外行動の原理を理解する。そうすることで、独裁者が「非合理」な意思決定を可能とする条件がどのように構築され、「非合理」とも思える意思決定はどのようにもたらされた（される）のかを明らかにしたい。

この方法は、権威主義国家による世界を揺るがす大事件を予測する書籍と

図１　世界の軍事費と兵員数の順位

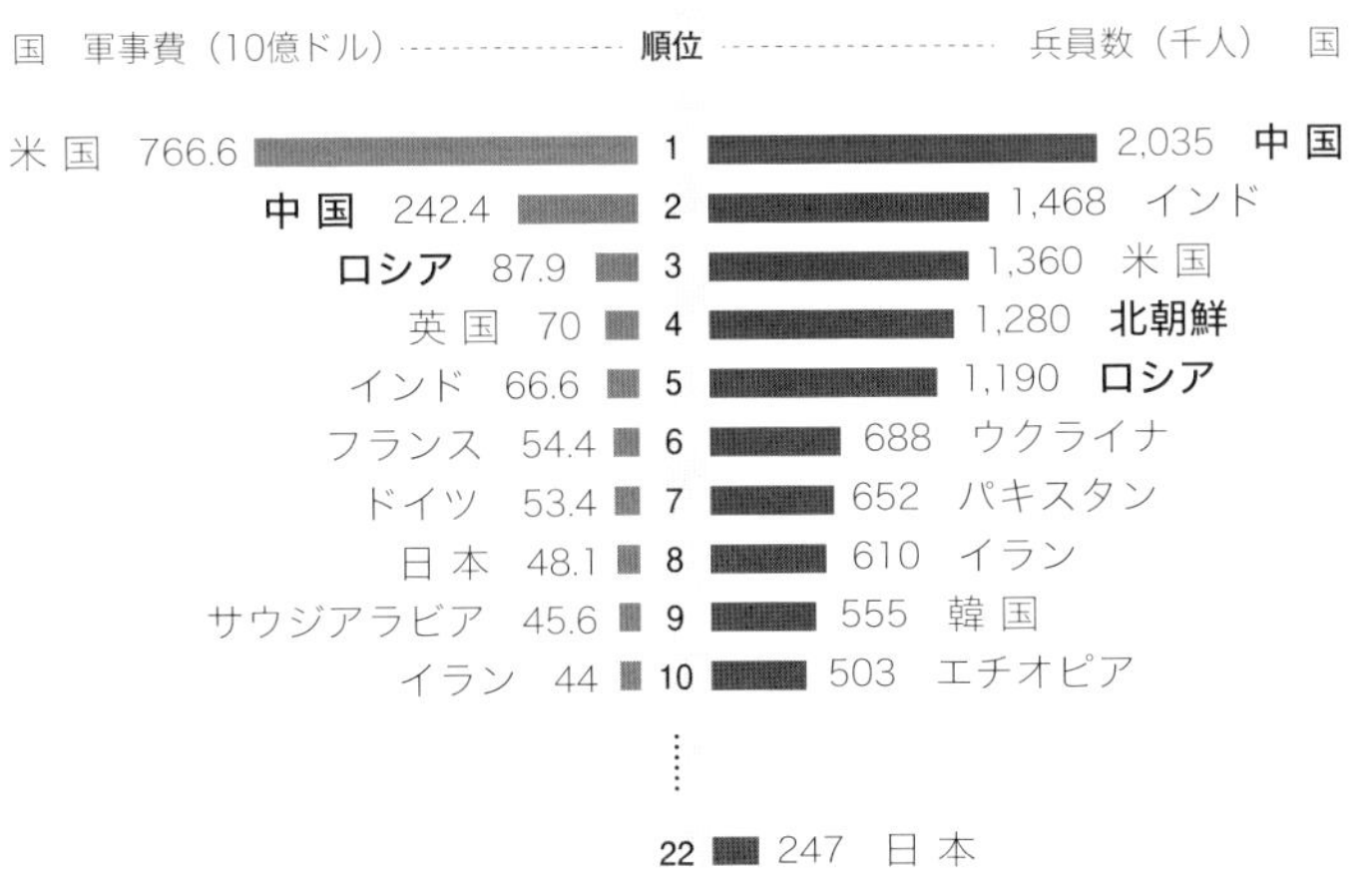

出所：Military Balance 2023をもとに筆者作成。なお，北朝鮮については軍事費のデータが記載されていない。

は一線を画しており、いささか消化不良な印象を与えてしまうかもしれない。しかし、学術研究は必ずしも「予言」や「予測」のみに焦点を当てるものではない。さらに、本書は中国や北朝鮮に対する脅威論を煽ることをも目的としていない。むしろ、比較政治学の理論的見地から3事例を捉えることで、できるだけ客観的に各国の動向を読み解くことを目指すものである。

他方、ロシアのウクライナ侵攻は、プーチン政権の崩壊によってしか終結が見込めないとの意見もある。政治体制論の隣接領域には体制の崩壊などを読み解く体制変動論が存在することから、本書でもそれらを踏まえ、各事例の体制が揺らぐ条件についても検討してみたい。

現代国際社会は民主主義対権威主義とも呼ばれる政治体制間競争の様相を呈しているとされる。その中で、「個人化」する国は増加傾向にある。実際、個人支配は冷戦末期において権威主義の23％を占めていたが、２０２０年では40％に至っており（Frantz et al. 2020）、近年では最も一般的な非民主主義体制の形態となっている（Kendall-Taylor, Frantz and Wright 2017）。このことは、世界全体で見ても、予測不能な対外政策がとられる可能性が高まっていることを意味する。この状況にどう向き合えばよいのだろうか。３つの国の比較を通じて考えてみよう。

注

（1）政策形成過程をめぐっては、グレアム・アリソンがキューバ危機について描いた『決定の本質』の中で、国家間の合理性を前提とする「合理的行為者モデル」、国内の組織間の関係に注目する「組織過程モデル」、政策決定に携わるプレーヤー間の駆け引きに注目する「政府内政治モデル」というように、国際政治学においても多様な角度からの分析がなされてきた（Allison 1999）。本書はその中で、合理的行為者モデルを超えて、アクターの影響力が強く表れる条件を政治体制論という制度的側面から明らかにするものである。

「個人化」する権威主義体制——侵攻決断と体制変動の条件◇目次

序章

権威主義体制と個人化——個人支配の行動原理

独裁者は以前に比べて賢くなっている——エリカ・フランツ

冷戦期、米国はソビエト連邦（以下、ソ連）を旗手とする社会主義陣営を相手取り、自由民主主義陣営の旗手として、自由と平等、民主主義、法の支配などの価値を世界に発信してきた。西側陣営の勝利に終わった冷戦終結後、米国が追求してきた価値が世界を覆うように思われた（フクヤマ 2020）。しかし、この見込みは、中国をはじめとする権威主義国家の台頭によって揺らぎ始めている。さらに、米国をはじめとする民主主義国家においても、エリートと大衆の対立を煽るリーダー（いわゆるポピュリスト）が登場し、彼らが民主主義を否定するような政策を実施することによって、民主主義は自壊の様相をも見せている。

実際、１９７４年にポルトガルで生起したカーネーション革命に端を発し、民主化の第三の波（ハンチントン 1995）と呼ばれる時代が訪れたが、その頃から高まった民主主義のスコアは、

図序-1　自由民主主義のスコア

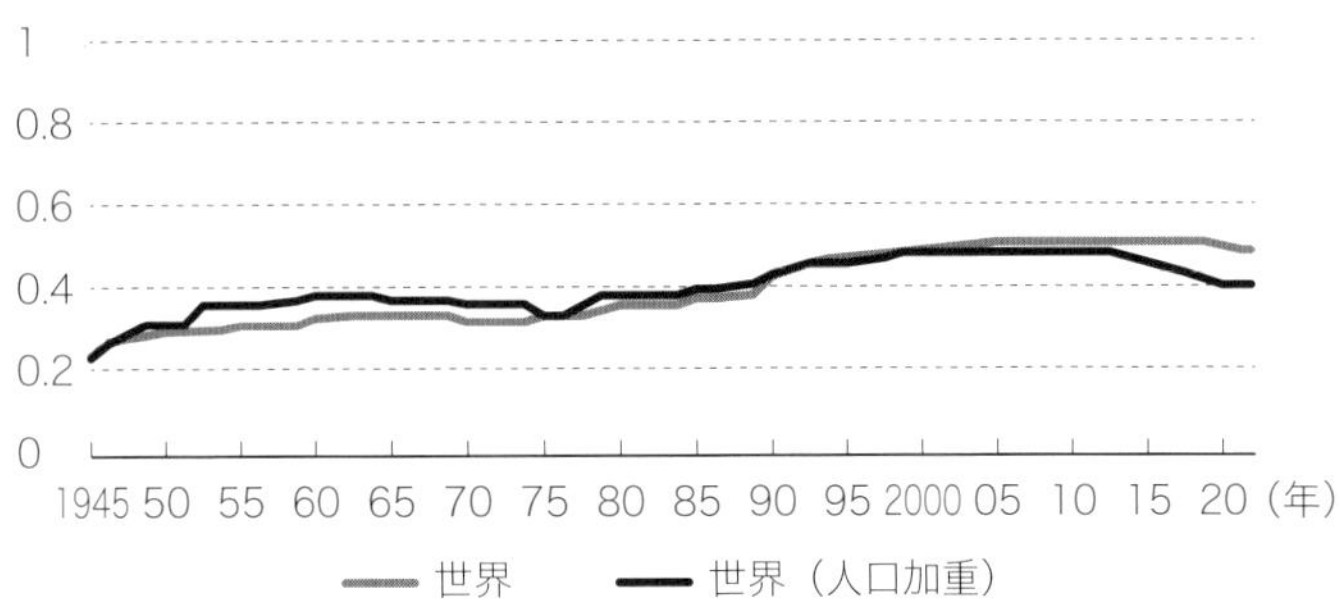

出所：Coppedge et al.（2022）をもとに筆者作成。

近年悪化傾向にある（**図序－1**）。

これに対し、民主主義を測定するフリーダムハウスや多様な民主主義研究所（V-Dem Institute）といった組織からも民主主義の後退に対する懸念が表明されている。例えば、V-Demの2022年のレポートによると、権威主義の下で暮らす世界の人口は、2011年で49％だったのが、10年間で70％に増加し、民主主義の度合いも冷戦終結時の1989年頃のレベルにまで下がっているという（V-Dem Institute 2022）。

米中対立が深まる現代国際社会では、民主主義と権威主義という異なる政治体制が、体制の正統性をめぐって争っているとの表現もなされている。[1] ジョー・バイデン米大統領がたびたび「民主主義対権威主義（専制）」に言及するのはその象徴である。

このように、政治体制は、近年の国際秩序をめぐる対立を読み解く上でも重要であるが、各国の動向を分析する際にも有益な視座を提示してくれる。政治体制とは、「政治権力が、社会内で広範な服従を確保し、安定した支配を持続するとき、それを形作る制度や政治組織の総体」（山口 1989: 5）のことであり、大まかに言えば「統治ルールの総体」である。すなわち、国家の様々な公式・非公式の制度の束を政治体制と呼ぶのである。政治体制は分析対象とする国家の特性を「マクロ」に表すため、国家の（とりわけ内政）比較を通じて政治現象の理論化を目指す比較政治学において特に注目されてきた。大雑把に言えば、政治体制が違えば、政策形成過程が異なり、政治体制が同じであれば、政策形成過程が似てくると考えられるからである。

そこで、本章では政治体制の定義に加え、それらに基づく政策形成過程の違い、さらには近年、世界的に見られる個人化への過程を捉えた上で、体制崩壊の型式について概観し、次章以降の事例研究へとつなげていきたい。

1　民主主義対権威主義

政治体制に関する理論は、実際の政治を読み解くために様々な方法で発明されてきた。一方、実際の政治においても国家間の対立と協調を先鋭化させるために政治体制の理論が「利用」されてきた。これらの理論と実際の政治の相互浸透が政治「学」の発展に寄与してきたことは疑いない。

よく知られるように、政治体制には、大きく分けて民主主義体制と権威主義体制の2つがある。もともと、権威主義体制とは、民主主義でもなく、その対極とされる全体主義でもないスペインのフランシスコ・フランコ体制を分析した政治学者ファン・リンスが提起した類型である（Linz 2000）。リンスは、①多元主義、②動員、③イデオロギーなどの観点から、いずれもの指標が民主主義と全体主義の間に位置する体制を権威主義とした。[2] しかし、現在ではドイツのアドルフ・ヒトラーやイタリアのベニト・ムッソリーニが築いたような明白なイデオロギーや大衆動員を伴う全体主義がほとんど見当たらないことから、民主主義ではない政治体制、いわゆる非民主主義がおしなべて権威主義と呼ばれるようになっている。[3] したがって、本書も非民主主義国家を権威主義国家と呼ぶこととする。

権威主義は近年拡大傾向にある。[4] 90年代までの権威主義の誕生は、クーデタなどによる劇的な体制変動を伴うことが多かったが、近年ではリーダーが徐々に制度を作り替え、権力を政党や軍、あるいは自身の手に集中させていくことが多い。これが現代の民主主義が「崩壊」でなく「後退」していると言われる所以であり、この現象を「権威主義化（もしくは専制化）」と言う。実際、90年代の民主主義の崩壊のうち、54％がクーデタで、38％が権威主義化で生じていたのに対し、２０１０年代では36％がクーデタ、64％が権威主義化と、その数値が逆転している。権威主義化は約半分の確率で失敗するとされるクーデタよりも容易でリスクが低いことから（Frantz 2021: 4-5）、権力を手中に収めることを目指すリーダーは権威主義化の道を選ぶのだろう。本章冒頭で紹介したように最近の独裁者は「賢く」なっているのである（Ibid.: 1）。[5]

以上の経緯もあり、現代では、民主主義と権威主義の境目が曖昧になりつつある。[6] 民主主義的制度を整えながらも、権威主義的な統治を行う、いわゆるハイブリッドな政治体制は、「競争的権威主義」などと呼ばれる（Levitsky and Way 2010）。現代の独裁者のほとんどは選挙を通じて、大多数の有権者から支持されていることを示したり、情報収集によって反対派と支持者双方の監視を行ったり、反対派を分断したりすることによって自身の権力を安定化させている（Blaydes 2010; Magaloni 2006; 東島 2023 など）。２００８年の段階でさえ、権威主義国家の84％が複数政党制と議会を許容している上、83％の国で少なくとも6年周期で定期的な選挙が実施されている（Kendall-Taylor and Frantz 2015: 74）。[7] 他にも、現代の権威主義国家では、議会などの制度的機能によって独裁者がエリート間での権力分有を高めたり、反対派を体制に取り込んだりして権力を維持しようとしている（Gandhi 2008; Meng 2020; Svolik 2012）。このような方法により、体制維持を至上命題とする権威主義の独裁者は権力の座から追いやられることを防いでいるのである。

以上から、現代では権威主義が拡大傾向にあるものの、民主主義と権威主義の区別も難しくなっており、独裁者が自身の正統性を担保するために民主主義的な制度を利用している様子が見て取れる。

とはいえ、権威主義国家では、国民の政策決定に対する関与が制限されることは言うまでもない。裏を返せば、民主主義のリーダーは、選挙などの様々なチャンネルを通じて国民のニーズを理解することができるとともに、それを踏まえた権力の維持（いわゆる合法的支配）が可能である。このことは、逆に権威主義は基本的に一部のエリートによって政策決定が可能である一方、国民のニーズを捉えづらく、民主主義と比べて正統性を担保することが難しいことを意味する。[8] そしてこれは権威主義の体制維持に影響を及ぼすこととなる。

では、権威主義体制はどのように権力を維持しようとするのだろうか。常時イレギュラーな権力喪失のリスクを抱える権威主義体制では、政権維持のための手法が民主主義とは異なる。そこで注目されてきたのは反対派を暴力や活動の禁止などによって排除する「抑圧」と、支持者の離反を防ぎつつも支持者層を拡大するための「懐柔」の2点、いわゆる「アメ」と「ムチ」である。それに加えて、近年では政策パフォーマンスを高めたり、個人崇拝などを進めたりすることによって権威主義的な統治の正統性を人々に認識させる「正統化（legitimation）」を含めた3点が重視される。[9] 「抑圧」は政府と人々の間における暴力の非対称性を拡大し、「懐柔」は取り込まれた者に利権を与え、「正統化」は人々が自ら体制を支持するようになるという点で、自己強化されていく。さらに、これらは相互に補完し合う機能をもも

図序-2　権威主義の体制維持手法の相互関係

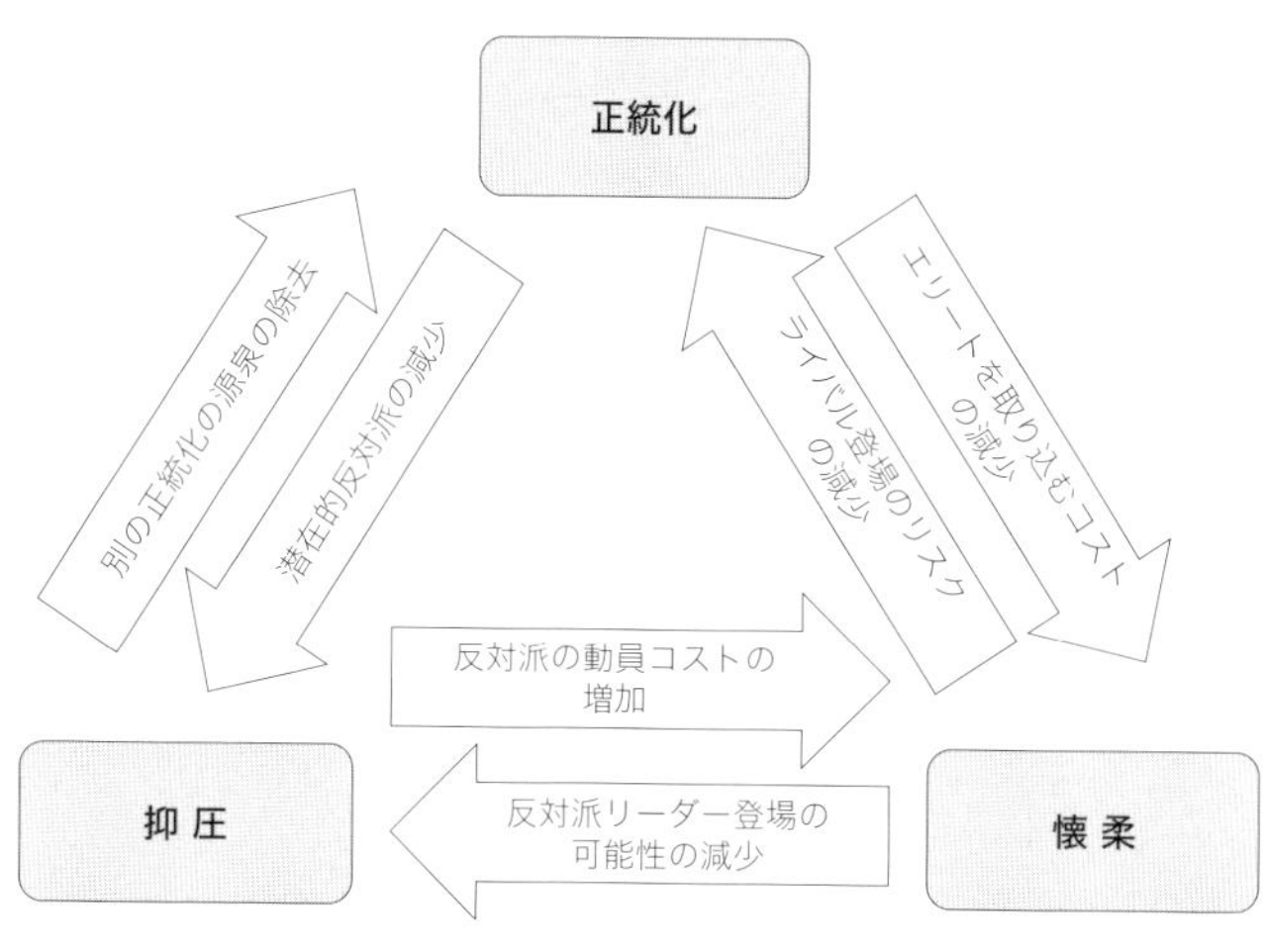

出所：Gerschewski（2013）をもとに筆者作成。

つ（Gerschewski 2013）。例えば、「正統化」によって自発的に体制を支持する人が増えれば、「抑圧」や「懐柔」のコストが減少することとなる（**図序-2**）。

以上のように、民主主義国家とは一部異なる方法によって体制維持を試みる権威主義体制であるが、同体制にはいくつかの類型が存在する。(10)

2　権威主義の3つの類型

権威主義体制には主に統治アクター（独裁者の権力基盤）の視点から、ソ連や中国のように特定の政党による独裁が行われる一党支配型、ミャンマーやタイのように軍が統治を行う軍事支配型、そして、北朝鮮のように独裁者個人に権力が集中し、独裁者による判断が「街で唯一のゲーム」となる個人支配型の3つの類型がある。[11] 一党支配型と軍事支配型は、それぞれ政党と軍という組織が権力基盤となるがゆえに、権威主義であってもそこにはエリート間での合議が見られることとなる。例えば、中国政治について、たびたび共産党幹部の派閥や論争が報道されてきたことは、限定的であってもそこに多様な意見が存在していたことを意味する。すなわち、いずれかのタイプに分類される権威主義体制の独裁者は、その意思決定において政党や軍からの制約を受けるのである。実際、政党や軍は組織内で構成された制度的な手続きを好み、それによって独裁者の権力濫用を防ぎ、体制を安定化させるとされる（Geddes, Wright and Frantz 2018: 74)。

ゆえに、政策形成過程においては、主に一党支配型の場合は政党内部、軍事支配型の場合は軍内部での調整が求められることとなる。では、個人支配型はどうだろうか。個人支配型でも、政党は社会とのつながりを担うものとして、また、軍は反対派を抑圧するものとして、いずれも他の権威主義と同様に重要な組織である。しかし、独裁者はそれらを含めた様々な政治機構内に独自のパトロン・クライアント関係を作り上げる。それによって形成された側近集団が権力基盤となり、独裁者の意思決定に対する裁量が拡大する。[12] その結果、個人支配型の政策形成には独裁者個人の意思が反映されやすくなるのである。そのため、個人支配型の権威主義体制の動向に対する予測可能性は、他の権威主義体制と比べて低くなる。

3　権威主義の類型の特徴

ここで、簡単に権威主義体制の類型間の特徴をつかんでおこう。まず、各体制の数である。現代においては、**はしがき**で触れたように、個人支配型が最も多くなっている。冷戦期においてはソ連にならって共産主義を掲げる一党支配型が最も多かったが、現在では減少傾向にある（**図序－3**）。

続いて、各類型の耐久性（持続期間）を見てみよう。最も耐久性が高いのが一党支配型であり、平均持続年数は26年である。同体制の持続年数が長いのは、党による支配が行われるがゆえに、政権運営がうまくいかなかった場合でも、党内人事の一環としてリーダーを挿げ替える、いわゆる疑似政権交代を行うことで、他の体制と比して支配の正統性が担保しやすいからである。

次に耐久性が高いのは個人支配型で、平均持続年数は11年である。個人支配型の場合、権力が独裁者とその取り巻きから成る特定の集団に制限されるがゆえに、仮に政権運営がうまくいかなくなったとしても、取り巻きたちにはリーダーを支えようとする誘因が働く。なぜなら、体制の終わりは自身の政治生命（場合によっては生命そのもの）の終わりを意味するからである。実際、個人支配体制のリーダーは権力から退いた後、69％が国外追放、収監、殺害のいずれか

図序-3　タイプ別の権威主義体制の数

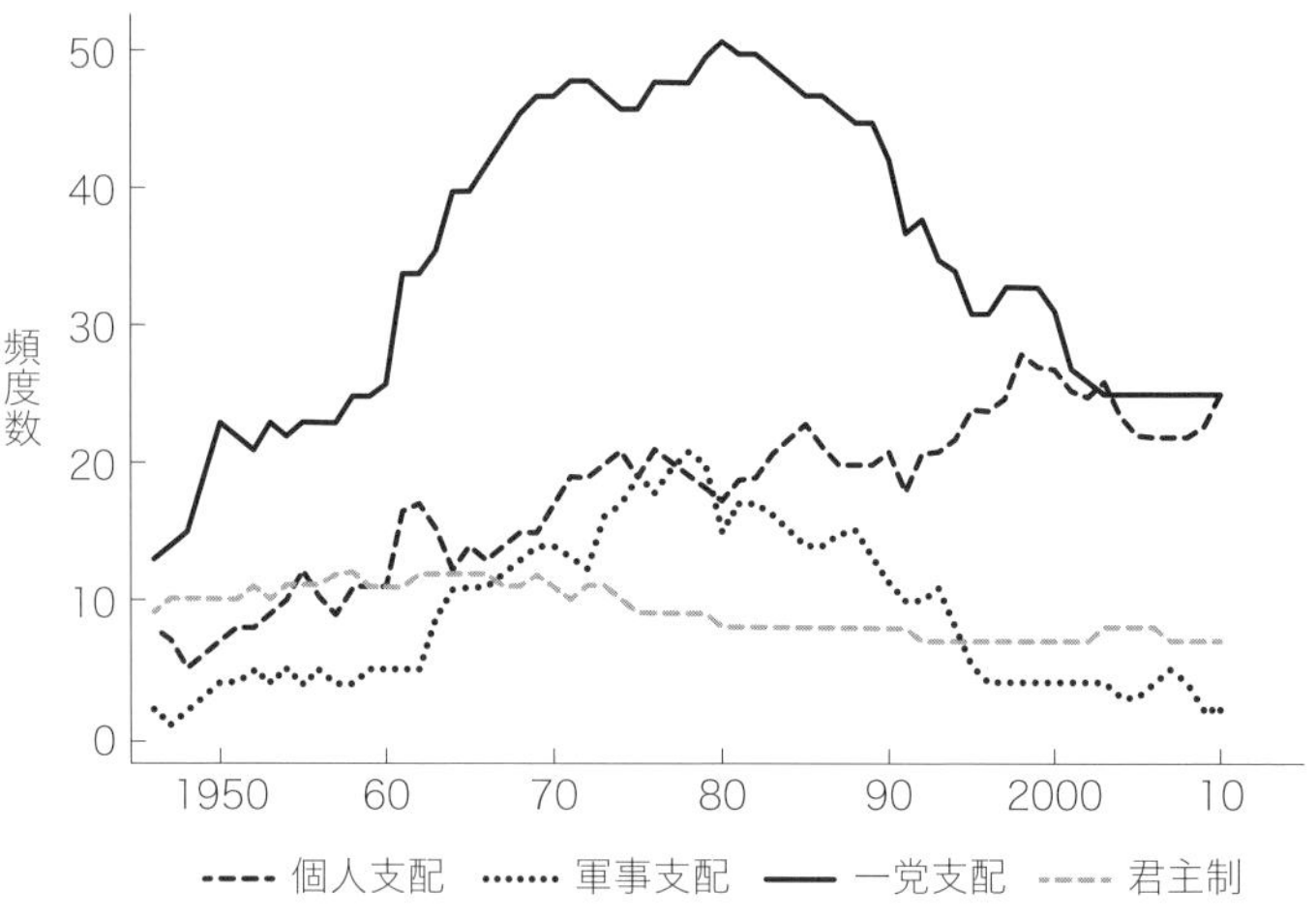

出所：Frantz（2018: 83）をもとに筆者作成。

の運命をたどるとされ、これは他の体制と比べても高い（Geddes, Wright and Frantz 2014: 321）。個人支配の独裁者が権力の座から退くと悲惨な結末を迎えることが多いのは、権力継承が制度化されていないことに加え（Frantz, Kendall-Taylor and Ezrow 2014）、独裁者そのものが体制の正統性の源泉となり、その人を排除しなければ次の政権の安定を保つことが難しいからであろう。

最も短命なのは軍事支配型で、平均持続年数は7年である。政治の正常化を掲げてクーデタなどによって政権を獲得した軍は、統治を続ける正統性を維持し続けることが難しく、他の体制への変革を求められるからである（Debs 2016）。ミャンマーやタイで、クーデタにより権力を掌握した軍が政党を組織して選挙を実施し、民主的な装いを見せたのはこのためである（以上の平均持続年数については、Frantz 2018: 127-129（邦訳：155-156））。また、軍内部の派閥争いも体制崩壊の主要因となる。

ただし、ここで確認した平均持続年数は1945年から2014年までのデータに基づいており、権威主義体制全体の平均寿命は1990年代で22年であったが、2000年代で27年、2010年代で33年に延びているとの指摘もある（Frantz 2021: 7）。

最後に、体制崩壊のパターンを確認してみよう。権威主義体制の崩壊は、冷戦期まではクーデタによるのが最も一般的だったが、現在では選挙による崩壊が主流化している。また、社会から生じる反体制組織による反乱や、大衆蜂起による体制転覆もその割合が増加傾向にある（Frantz 2018: 124-126（邦訳：152-153））。このことは、現代の独裁者が、過去と比べてエリートのみならず、社会に対する「懐柔」や「正統化」を求められていることを示唆するものである（**図序－4**）。

以上から、権威主義の類型ごとに、政策形成過程のみならず、体制の耐久性など、様々な違いがあることを確認した。現代では、多くの権威主義体制が個人支配型へと移行する傾向にある。このことは、本書が注目するロシア、中国も同様である。[13] このような個人支配型への接近を「個人化」と言うが、以下では、なぜ、どのように各国で個人化が生じているのか、その判

図序-4　権威主義体制の崩壊のしかた

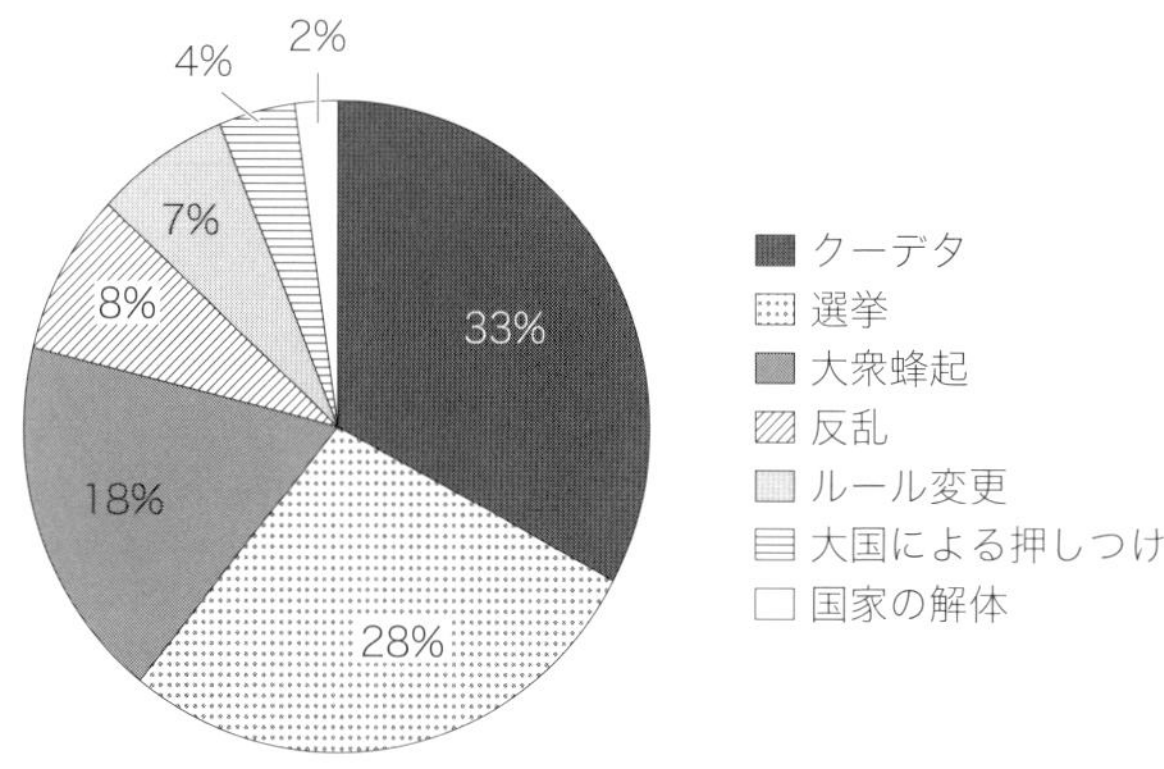

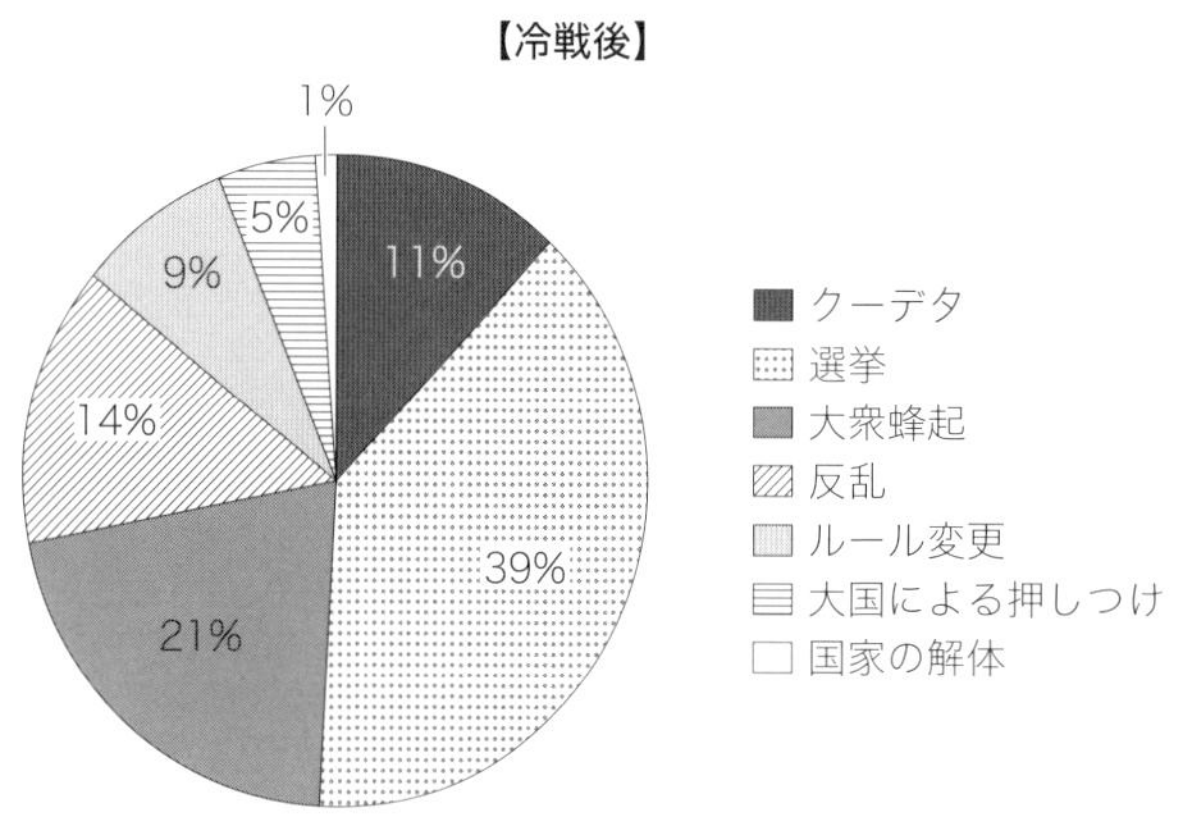

出所：Frantz（2018: 125）をもとに筆者作成。

定基準を含めて確認してみたい。[14]

4　個人化の過程

政治体制が他の政治体制に変化することを体制変動という。その中で最も注目されてきたのは権威主義が民主主義へ移行する「民主化」であるが、昨今では民主主義から権威主義へと変化する国が多く見られるようになった。そのため、前述した「権威主義化」にも注目が集まっている。

前項までで権威主義体制には大きく分けて3つの類型があることを確認したが、ある権威主義体制が異なる権威主義体制へと変化することもある。その中で一般に見られる現象が、権威主義を敷くリーダーが自身に権力を集中させ、個人支配へと変貌する「個人化」である。

比較政治学者のバーバラ・ゲデスらによれば、個人化はリーダーが権力を掌握した直後の体制が不安定なときに生じるという。すなわち、リーダーは不安定な体制を安定化させるために個人化を試みるのである。[15] 実際、リーダーを取り巻く権力集団（seizure group）に一体性がない場合、リーダーは自身に権力を集中させ、体制を安定化させようとする。これによって権力集団の構成員はリーダーの権力拡大を許すこととなるが、自らのポストを守り、恩恵を受けられる。ゆえに、独裁者の取り巻きは独裁者を打倒するよりも支持することを選び、独裁者へ

表序-1　個人化の指標

① 権力中枢への忠誠に基づく登用
② 独裁者を支える新しい政党や運動等の創設
③ 独裁者による党上層部への人事権の掌握
④ 独裁者の決定に対する党上層部のラバースタンプ化
⑤ 独裁者による治安維持機関の掌握
⑥ 独裁者による軍における忠誠に基づく登用と排除
⑦ 独裁者を守るための準軍事組織や親衛隊の創設
⑧ 軍内反対派に対する粛清

出所：Geddes, Wright and Frantz（2017, 2018）を修正して筆者作成。(17)

の権力集中が進む（Geddes, Wright and Frantz 2018: 65-76）。(16)いわば、個人化はリーダーにとっても、その取り巻きにとっても自らの政治生命を維持するための試みなのである。実際、長期にわたって続いている権威主義国家では、個人化の度合いが高くなる傾向にある（Geddes, Wright and Frantz 2017: 12）。このことから、長期にわたって権威主義を維持してきた国の独裁者とその取り巻きは、数々の苦難を独裁者への権力集中によって乗り越えてきたことがうかがわれる。

このような「個人化」がいかにして起きるかは理論化の途上にあるが、ここでは、ゲデスらが提示した8つの指標を見てみよう（**表序-1**）。

様々な指標が提示されているが、そこには権力中枢、政党、軍や治安部門、そして国民に対する行動が混在している。これら各アクターの行動が独裁者の命運を握るからである。

権力中枢に関しては、忠誠に基づいたクライアンテリズム（恩顧主義）・ネポティズム（縁故主義）を駆使した人材の登用が挙げられる。権力中枢に信頼する側近や親族を配置することにより、独裁者の手に大権が集まって、スムーズな意思決定が可能となるためである。さらに、**表序－1**には含まれていないが、側近集団（inner circle）の縮小が指標として挙げられることもある。これは、側近集団が小さいほうが権力分有や懐柔の対象が減少し、離反者が生じる可能性が小さくなるからである（Bueno de Mesquita et al. 2003; Frantz 2018; Geddes 2004）。[18]

政党に関しては、新しい政党や運動の設立が挙げられる。これにより、独裁者は古いエリートを排除し、自身に忠誠を誓う者を側近に据えることができる。人事権の掌握によってイエスマンばかりで構成された政党は、独裁者の意向を形式的に審議し、追認するためだけのラバースタンプ機関と化し、独裁者に対する制約は小さくなる（Geddes, Wright and Frantz 2018: 81）。

軍や治安部門に関しては、それらの機関に対する人事権の掌握と私兵集団化、準軍事組織（parallel security organizations）や親衛隊の創設、そして反対派に対する粛清が挙げられる。軍は独裁者にとって反対勢力を抑え込むための守護者である一方で、クーデタによってその座を追いやられる可能性を秘めたリスク要因でもある。体制を維持するためには軍を手懐け、クーデタを抑制することが不可欠である。実際、独裁者が軍などの治安機構の人事権を掌握し、それらが私兵集団化（personalize）すると、クーデタの可能性が減り、反体制派の民衆に対する抑圧の度合いも高まって大衆蜂起の可能性も減少する。これは軍が私兵集団化することで、軍と独裁者の利益が一致して体制を守る誘因が働くからである（Chin, Song and Wright 2022）。独裁者にとっても軍構成員の利益を調整しやすくなり（Song 2022）、軍の離反を防ぐために効果的である。準軍事組織の創設も同様の理由による。

上記のような個人支配の判定基準が挙げられているが、実のところ、これらが「個人化」の結果として生じたのか、「個人化」の原因なのかは評価が難しい。しかし、いずれにしても、これらの兆候が見られた事例は「個人化」が進んでいる、つまり、個人支配に接近していると判定することが可能である。

以上を踏まえると、「個人化」を分析する上で、特に重要な概念はパトロン・クライアント関係を構成するクライアンテリズムである。なぜなら、クライアンテリズムの結果として、独裁者からの「懐柔」を受けた者が親体制派として熱烈に体制を支持し、反対派が排除され、独裁者の権限が拡大するからである。比較政治学者のアレクサンダー・バトゥロとヨハン・エルキンクが個人化の判定基準として提示した公的制度の無効化や任期撤廃、個人崇拝化もクライアンテリズムの過程で生じると考えられる（Baturo and Elkink 2021）。[19] これにより、政治における公共とプライベートとの境目が曖昧になっていくのである（Linz 2000）。

その意味では、独裁者によるクライアンテリズムの固定化につながる任期の延長ないし無制限化は、個人化の一応の完成、すなわち個人支配への移行と言ってもよいかもしれない。独裁者自身の任期の保障は、それを支え、利益を得る者にとって信頼できるシグナルとなるからである（Baturo 2014: 214）。その結果、公権力の私物化が促進され、独裁者による恣意的な意思決定が長期に保障される。いわば、クライアンテリズムこそが個人支配の鍵概念なのである。

先の1で確認したように、権威主義体制は「抑圧」、「懐柔」、「正統化」によって体制を維持するが、これらの行為の増大は「個人化」の深化とも重なり合っている。実際、個人化した体制は抑圧を高める傾向にある。なぜなら、個人支配は他の権威主義と異なり、国民の支持を獲得するための機能が弱い上に、軍に対する影響力が高まるため、軍を自在に操れるからである（Frantz et al. 2020）。さらに、「懐柔」の強化はパトロン・クライアント関係の強化とも関連し、個人崇拝化は正統化の強化と同義である。いわば、個人支配とは、権威主義が先鋭化した政治体制であるとも言い換えることができるのである。このことは、現代の権威主義の増加と個人支配の増加が重なり合っていることと無関係ではないだろう。事実、２０００年から２０１０年の間にかけて権威主義化の75％が個人支配につながったとされている（Kendall-Taylor, Frantz and Wright 2017: 11）。

5　個人支配とは何か

では、個人化が行きつく先の個人支配とはいったいどのような体制なのだろうか。ここで、大まかに個人支配の概念について確認しておこう。昨今、個人化に関する研究が進んでいるが、個人支配を政治体制と見るか、一時の現象として見るかについては論争があり、最近では、個人支配ないし個人化をどの政治体制にも見られる現象として捉えるのが主流である（Geddes, Wright and Frantz 2018; Van den Bosch 2015）。そのためか個人支配は最も定義化が進んでいない政治体制でもある（Chehabi and Linz 1998）。

個人支配は、国家権力がパトロン・クライアント関係に特徴づけられる資源交換によって成り立つ家産制、それらと官僚制が併存する新家産制の流れをくむ[20]。これらを踏まえてリンスが提唱したのが、スルタン支配型権威主義体制である。前述のように、リンスは民主主義でも全体主義でもない政治体制を権威主義と定義したが、それらにも属さず、近代的な政治制度を前提とせず、リーダー個人に権力が集中し、恣意的な意思決定を行う体制をスルタン支配とした。リンスが、スルタン支配を一般的な権威主義と区別したのは、権威主義の権力行使が一定の予測の範囲内に収まるのに対して、スルタン支配はそれが予測不可能だからであった（Linz 2000）。この概念をもとに、近年では「スルタン」という用語が文化的意味を含むことから、個人支配と言い換えられている（増原 2010）。

個人支配の統治手法に注目すると、独裁者への権力集中はさることながら、体制に張りめぐらされたクライアンテリズムのネットワークに基づく忠誠と物理的報酬の交換、いわゆるアメとムチの存在が浮き彫りになる（Jackson and Rosberg 1984; Roth 1968; 武田 2001; 同上）。つまり、個人支配の独裁者は、アメとムチを駆使しながら自身が構築したパトロン・クライアント関係のネットワークを調整し、体制を維持しようとするのである（大澤傑 2020）。

したがって、個人支配の独裁者による意思決定は他の体制と比べると制約が小さいものの、潜在的に自らを支えるパトロン・クライアント関係に拘束されることとなる。一方で、自らを支えるパトロン・クライアント関係の機能不全は体制の崩壊を意味することとなる。このことは、個人化がクライアンテリズムの強化によって成立することと表裏一体である。

さらに、個人支配ではクライアンテリズムに依存した体制維持が行われるがゆえに汚職の度合いが高くなる（Chang and Golden 2010）。このことが、反対勢力に政権を批判する口実を与えることにもなる。

6　個人支配の崩壊

個人支配の終焉は、先の4で触れた体制変動を意味する。では、体制変動は、どのような条件で生じるのだろうか。大まかなイメージをつかむために、まずは体制変動論において主に注目される民主化、権威主義化を確認してみよう。

政治学者の恒川惠市は、体制変動を「需要」と「供給」の観点から説明する。恒川によれば、「需要」とは「権威主義（もしくは民主主義）的な政府を求める声がどれだけ強いか」であり、①経済的・社会的充足感、②相対的剥奪感、③国外からの影響、によって表される。他方、「供給」とは「権威主義（もしくは民主主義）体制を支える制度的・思想的基盤がどのくらい強いか」であり、①軍事・警察機関の強さと統制、②政党などの社会管理統制機関の強さ、③体制正統化の力、によって表されるという（恒川 2023: 88-97）。

これを権威主義体制の崩壊に引きつければ、恒川が示す「需要」と「供給」は、権威主義を維持するための抑圧、懐柔、正統化に連動する。需要面の3つの指標は経済的・社会的なものであっても、あくまで体制の正統性の指標であると考えられる。なぜなら、ほとんどの権威主義は、社会の正常化や治安・経済の改善を掲げて権力を政治機構に集中させるからである。他方、供給面はそれぞれ①が抑圧、②が抑圧と懐柔、③が正統化に関連する。端的に言えば、現状の政治体制に対して人々が不満を抱く時、体制変動の需要が高まるが、それだけでは体制変動は起きない。体制変動を起こそうとする者を取り締まる機能が維持されていたり、生活状況が悪かったとしても現状の政治体制の正統性を多くの国民が信じていたりする可能性があるからである。

同様に、政治体制論・体制変動論を専門とする武田康裕は、権威主義体制の危機について、①体制が目標を達成してしまったり、時間が経過したりすることによって正統性の原理が低下する「老朽化の危機」と、②体制が適切な統治を行うことができず、政治経済における不満が増大する「実効性の危機」を提唱した（武田 2001）。いずれも体制の正統性に関わる危機であるが、[21]正統性の低下は、社会における反体制運動を惹起するとともに、体制内エリートの離反を促し、抑圧の度合いを低下させる。また、経済危機などは正統性の低下とともに懐柔資源の縮小にもつながる。

以上から、権威主義の場合、抑圧、懐柔、正統化の度合いが減退することによって危機に陥るが、実際にその体制が崩壊に至るにはそれ以外の「トリガー」が求められる。このような体制変動の決定要因としては、アクター中心仮説が主流である。すなわち、体制変動の最終局面ではアクターによる決定がその成否を分かつのである（シュミッター／オドンネル 1986）。いわば、体制崩壊の「タイミング」については詳細な予測が困難なのである。そのため、次章から続く各事例の考察においても体制崩壊の危機が生じる条件までを提示するにとどまることをご理解いただきたい。[22]

では、個人支配はどのように崩壊するのか。権威主義体制が選挙による公式な方法以外で瓦解する場合、それは政治エリート（軍や政党）によるクーデタなどによって生じるのが最も一般的であるとされる（Frantz 2018; Svolik 2012: 5）。自身が粛清される可能性がある権威主義体制下の政治エリートは、それに先んじて独裁者を打倒しようとする誘因が働く（Tullock 1987）。政治経済の不安定化などといった体制の危機に直面した際、「正統性」が低下した政治体制を政治エリートが見捨てるのである。

しかし、反対派が排除され、独裁者と運命を共にする者によって側近集団が構成される個人支配は反体制派に対する抑圧の度合いが高く、体制内部からの崩壊の可能性が低いとされる。側近たちは体制を守ったほうが恩恵に与ることができるがゆえに、クーデタを企図する誘因が低下するからである。個人支配はそのような側近たちに囲まれて維持されるので、反体制派にとってもクーデタを起こすコストが高い。そのため、この体制ではクーデタよりも単独で行動を起こしやすい暗殺が選択される傾向にある（Chin et al. 2022）。しばしば、個人支配の独裁者に対する暗殺の可能性が報じられるのはそのためだろう。

他方で、独裁者は体制から排除された者によるリスクに直面する（Roessler 2011）。[23] それゆえに、体制崩壊は体制外から（いわゆる下から）起きる傾向にあるとされる（Geddes 1999; Grundholm 2020）。

しかし、実際には多様な崩壊のパターンが見られる。例えば、体制の恩恵に与ることができなかった軍は体制に対して不満をもつこととなる（Lee 2015; Song 2022）。その結果、クーデタを起こしたり、蜂起した民衆の側に立って独裁者を打倒したりするのである。前者はパラグアイのアルフレド・ストロエスネル体制やフィリピンのフェルディナンド・マルコス体制、後者はルーマニアのニコラエ・チャウシェスク体制がその代表であろう。

他にも、後継者問題をめぐって不満を高めた政治エリートが、民衆の声に呼応して権力を温存するためにリーダーに退陣を迫ったことで崩壊したインドネシアのスハルト体制や、クライアンテリズムのネットワークから除外された者たちが主導する民衆革命によって体制が崩壊したニカラグアのソモサ体制などがある。[24]

すなわち、クライアンテリズムによって成り立つ個人支配は、クライアンテリズムが不十分なアクターが体制に挑戦し、それによって崩壊する傾向にあるのである（大澤傑 2020）。ゆえに、この体制を維持できるかはクライアンテリズムを維持できるかにかかっている。

以上の特徴から、個人支配は他の権威主義体制と比して外国からの制裁が効きやすいとされる。個人支配は外資や援助に依存している国が多く、それに基づいたクライアンテリズムを駆使した統治を行うため、制裁によって分配する「アメ」が減少するからである。ただし、制裁を科したとしても石油などの天然資源がその国にある場合、体制が不安定化しにくいことは留意する必要がある（Escribà-Folch and Wright 2010）。[25] これはウクライナ侵攻後のロシアの事例からも明らかである。

また、個人支配の場合、特に独裁者の健康・高齢問題が体制の危機（いわゆる「老朽化の危機」）に直結する。それに伴う後継者問題は、体制の正統性の根幹を揺るがすとともに、独裁者が構築してきたパトロン・クライアント関係を変化させる可能性があるからである（大澤傑2020）。それゆえに、独裁者の高齢化は政治エリートが次のパトロンを誰にするかをめぐって争うきっかけとなる。フィリピンのマルコスやインドネシアのスハルト、パラグアイのストロエスネル体制も、独裁者の高齢化に伴う後継者問題から生じた政治エリートの離反が体制崩壊につながった。

以上のように権威主義体制は、政治エリート間における権力分有と、社会に対する統制の2つに配慮した統治を求められるのである。

本書が注目する独裁者と戦争の観点から付言すれば、必ずしも戦争の終結に体制崩壊は必要ではない。仮にリーダーの交代によって個人支配が継承されたとしても、新たなリーダーが戦争を終結させる可能性もあるからである。ただし、このことはリーダーが交代したとしても戦争が続く可能性があることをも意味する。すなわち、本来はリーダーの交代、体制変動、および戦争は別問題なのである。しかし、戦争の継続が体制への不満を高め、体制崩壊やリーダーの交代につながる可能性は否定できない。戦争への不満によってリーダーの交代が起きたのであれば、個人支配が持続されたとしても次のリーダーが戦争を継続することは難しくなるであろう。

7　政治体制に基づく政策形成過程

ここまでは権威主義体制の類型を踏まえて個人支配の特徴を概観してきた。ここで、本書の主要な論点である政治体制と対外政策の関連性に立ち戻ってみよう。ここまで確認してきたとおり、政治体制の違いは、統治ルールの違いを表すため、政策形成過程に影響を与える。いわば、国家の政策決定における「入力」局面に違いをもたらすのである（**図序－5**）。

民主主義の場合、直接的であれ、間接的であれ、リーダーは選挙によって選出されているため、世論に配慮した政策決定が求められる。さらに、立法・司法・行政というように権力が分立しているため、政策形成過程において数々の制約を受ける。政策変更に制約を与える「拒否権プレーヤー」（Tsebelis 2002）の数も多くなる。つまり、民主主義国家のリーダーは、制度やアクターなどから様々な制約を受けて政策決定を行うのである。

一方、権威主義の場合は、権力分立の度合いが低く、国民からの声を吸い上げる誘因も低くなるため、独裁者の政策決定における制約は民主主義と比べて小さくなる。

しかし、独裁者といえども、何ものからも制約を受けずに意思決定が行えるわけではない。

図序-5　政策形成過程における政治体制の役割

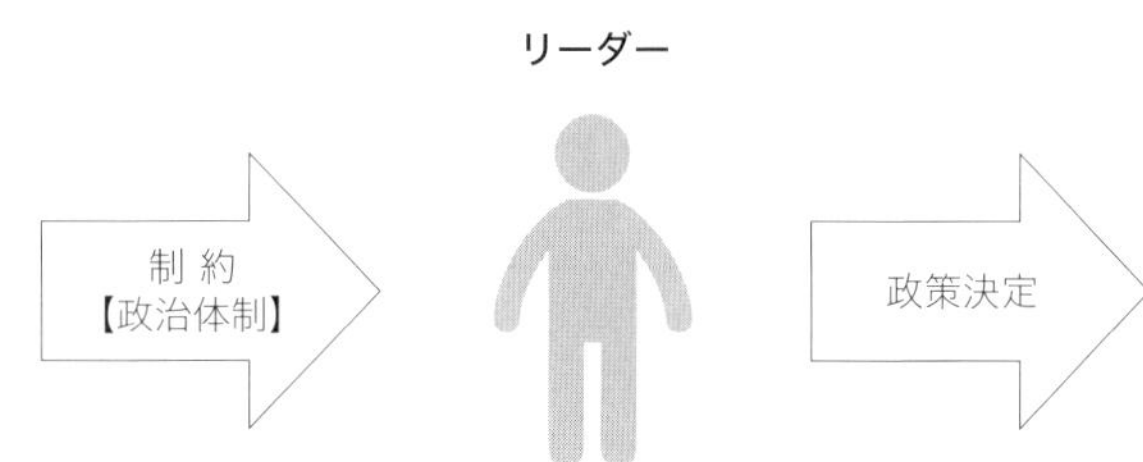

出所：筆者作成。

前述のとおり、独裁者は、選挙などを通じて付与される合法的な正統性が限定的であるがゆえに、抑圧、懐柔、正統化などの方法を使って体制を維持しなければならないからである。また、無制限な権力行使は、国民のみならず、自身を支える政治エリートたちの不満を高める可能性がある。そのため、権威主義体制であっても政策決定には一定の制約がかかるのである。しかし、ここまで確認してきたとおり、一口に権威主義体制と言っても、そこには様々なタイプが存在し、これらのタイプの違いは、独裁者が体制を維持するための戦略に関わる。

繰り返しになるが、個人支配の体制維持のためには、クライアンテリズムを維持するためのアメを確保し、それを適切に分配できるかが重要である。それゆえに、個人支配の独裁者は、対外政策の意思決定における裁量が他の権威主義と比べて大きいとはいえ、自らが構築したクライアンテリズムのネットワークに配慮した政策決定が求められることとなる。さらに、エリートや社会の離反を予防するために抑圧や正統化も不可欠である。すなわち、個人支配を敷く独裁者は、他の体制と比べて対外政策における自由度が高いが、その選択は体制維持のための戦略に拘束されるのである。

無論、権威主義の対外政策に関する意思決定は国際関係の影響を受けることにも留意が必要である。しかし、個人支配の場合、後述するように他の類型と比べてそれを低く見積もったり、場合によっては無視したりして「非合理」な選択をする可能性が高まる。

8 個人支配の対外政策

最後に、個人化された(個人支配の)国家は、どのような対外政策をとる傾向にあるか先行研究を確認してみよう。

まず、本書に最も関連する事実として、個人支配は他の権威主義体制と比べて戦争に訴えやすいとされる。例として、サダム・フセインのクウェート侵攻などが挙げられる。個人支配が戦争に訴えやすい理由は、国民に対する説明責任(アカウンタビリティ)が低いため、敗戦した場合のコストが民主主義などと比べて低くなるからである。実際、フセインは湾岸戦争で敗れても権力の座に居座り続けた。さらに、政敵を排除して周辺を側近で固めた結果として周囲がイエスマンばかりになり、忖度が生じてネガティブな情報が入らなくなり、敗戦のリスクを低く見積もるからであるともされる。また、他の権威主義と比べてリーダーの裁量が大きく、戦争の勝利による（天然資源や領地などの）配当が大きくなるからでもある（Weeks 2014）。

逆に言えば、民主主義体制の場合、リーダーは政策の失敗によって権力を失う可能性が高く、強硬な対外政策に抑制的になる（Debs and Goemans 2010）。この点は、「民主主義国家同士は戦争をしない」とする民主的平和論と通底する。

また、権力を喪失した後に不幸が待ち受けていると考えるリーダーほど戦争に訴えやすいとされる（Frantz, Kendall-Taylor and Ezrow 2014）。前述のとおり、個人支配体制のリーダーは権力喪失後、悲惨な末路をたどる可能性が高い。このことを考慮すると、権力を自身に集中させたリーダーは体制の末期に強硬な対外政策をとりやすいと言えるだろう。[26]

さらに、本書でも扱う北朝鮮に代表されるように、個人支配体制は核開発に関心を示す傾向にある。なぜなら、核兵器は、自身に盾突く可能性のある軍を強化せずに、国際的な脅威に対処できるからである。ここには個人支配の独裁者に対する制約の小ささも影響している（Way and Weeks 2014）。個人支配をとる国家にとっては、核兵器廃絶のような国際規範の影響も小さい。さらに、個人支配は側近集団が小さく、国民に対するアカウンタビリティが低くなるがゆえに、国際社会に対して非協力的な傾向にある（Mattes and Rodríguez 2014）。

とはいえ、個人支配であるがゆえの弱点もある。それは、私兵集団化された軍は、能力よりも忠誠が優先される結果、戦場での能力が低くなることである（Talmadge 2015）。端的に言えば、個人支配の軍は他の体制の軍と比べて戦争に「弱い」のである。また、個人支配は側近集団が小さく、独裁者が戦争に伴うコストを気にする必要性が低下するため他の類型と比べて戦争における戦死者を多く出す傾向にある（Sirin and Koch 2015）。このことは、個人支配の戦争は犠牲者を多く伴う激戦となる一方で、戦争によって目的を達成できなかったり、戦死者を多く出してしまうことで、独裁者が体制の正統性を低下させてしまう可能性を示唆するものである。

以上を考慮すれば、個人支配をとる国は、独裁者の政策決定に対する裁量が大きいため、制度や組織に基づく予測可能性が低下する結果、「非合理」に野心的な行動に出る可能性も高まると言えよう。すなわち、個人化は国際秩序にとっての明白なリスクなのである。

9　本書のガイドライン

本章では、民主主義と権威主義の違いから、権威主義内における類型を確認し、本書が注目する個人化、そして個人支配の特徴を概観してきた。個人支配はリーダーに権力が集中するがゆえに、最も合理的に説明できない対外政策をとる可能性がある政治体制である。さらに、現在、政治体制の個人化は世界的に進んでいる。次章以降では、本章で確認した理論的な個人化の過程を踏まえて、ロシア、中国、北朝鮮でどのように個人化が進んできたのかについて確認する。その上で、各国の対外政策の変化を政治体制論から跡づける。そして最終的には、各事例の政治体制の今後、さらには「非合理」な侵攻の可能性について一考を加えてみたい。

各章では、以下の3点に注目して考察を行う。

①個人化の過程
②体制変動（個人化）と対外政策の相互関係
③個人化された国家の統治手法（抑圧、懐柔、正統化）とそれに基づく各事例のゆくえ

以上をもとに、**終章**では各事例から見えた共通点と相違点を明らかにするとともに、各事例において個人化が生じた経緯を踏まえ、研究を通じて得られた示唆を提示したい。

注

（1）ただし、政治体制の違いそのものは国際秩序をめぐる対立の本質ではないとの指摘もある。この点は重要な論点であるが、本書の射程外であるので特段扱わない。権威主義の対外政策については、Tansey（2016）など。

（2）リンスによる権威主義体制とは、「限定された、責任能力のない政治的多元主義を伴っているが、国家を統治する洗練されたイデオロギーは持たず、しかし独特のメンタリティーは持ち、その発展の

ある時期を除いて政治動員は広範でも集中的でもなく、また指導者あるいは時に小グループが公式的には不明確ながら実際にはまったく予測可能な範囲の中で権力を行使するような政治体制」である（Linz 1964: 297; リンス 1995: 141）。

（3）ただし、後述するように本書でも扱う北朝鮮は現存する唯一の全体主義国家と呼ばれることもある。

（4）他方、近年の権威主義の拡大は、民主主義の後退ではなく、弱い権威主義が強化されたためであるという指摘もある（Levitsky and Way 2015）。

（5）近年では選挙などの民主主義的な制度を用いてあからさまな抑圧を行使せずに体制を維持する権威主義体制も多い。関連する研究としては、東島（2023）など。

（6）そのため、本書は民主主義と権威主義の二分論ではなく、それらの連続性を捉えることをも意図している。

（7）1970年では、権威主義国家の72％が複数政党制と議会を許容し、59％が定期的な選挙を実施していた（Kendall-Taylor and Frantz 2015: 74）。

（8）中国政治専門家の呉国光はこれを、権威主義における「正統性の赤字」と表現する。呉によれば、中国共産党はこれを克服するために党大会という制度を利用している（呉 2023）。

（9）ゲルシェウスキによれば、1960年代半ばまではイデオロギーと暴力、80年代までは社会経済的要因、90年代末からは抑圧と懐柔へと、権威主義研究の中心が移ってきたという（Gerschewski 2013: 14）。

（10）権威主義は民主主義が後退した形態でしかなく、民主主義と比べてデータセットが整っていないとの指摘もある（Sinkkonen 2021）。それゆえに、研究者は様々な類型化によって権威主義の理解に努めているのかもしれない。本書で紹介する以外にも様々な類型が存在する。

（11）なお、フランツの類型では、3つの他に支配者一族が権力基盤となる君主制型が存在する。しかし、これらは統治主体が伝統性を帯びる君主という稀なケースであり、新たに誕生することが難しいため、それを除いた3つの類型をもとに比較研究が進められることが多い（Frantz 2018: 72（邦訳：94））。

（12）後述するように、個人支配の独裁者は、意思決定においてパトロン・クライアント関係に拘束されることになる。

（13）北朝鮮の個人化は以前から生じていた。詳細は**第3章**を参照。

（14）なお、個人化は民主主義体制下でも生じる。大衆とエリートの対立を煽って、社会を分極化させ、権力を自身に集中させるポピュリストなどはその典型であり、それはデジタル化にも後押しされている（Frantz et al. 2021）。

（15）同様の主張は、Lee（2015: 56-59）、Brooker（2014: 63-66）など。

（16）ゲデスらによれば初代のリーダーのほうが個人化しやすいという。これは、2代目以降は側近集団が権力闘争について学習するとともに、規律やネットワークが発達するため独裁者に対する交渉力をもつからである。また、新たに構築された党や、一体性がない軍を抱えているほうが、権力基盤が不安定であるがゆえに、個人化しやすいとされる（Geddes, Wright and Frantz 2018: 85-92）。

（17）他にも様々な研究者から個人化の判定基準が提示されている（**表序－2**）。

（18）ブエノ・デ・メスキータらは権力中枢にいる集団を盟友同盟

表序-2　その他の個人化の指標

Frantz（2018）	Baturo and Elkink（2021）
・側近集団の縮小 ・権力中枢への忠誠に基づく登用 ・有力ポストへの身内の登用 ・新しい政党等の創設 ・重要決定手段としての国民投票の実施 ・新たな治安部門の創設	・クライアンテリズムを駆使した公権力の私物化 ・公的制度の非制度化 ・リーダー任期の撤廃 ・メディアの私物化（個人崇拝化）

出所：筆者作成。

(winning coalition) と称するが、イメージのしやすさを優先するため本書では側近集団として大まかにまとめている。

(19) 例えば、「メディアの私物化」は、独裁者が自らの関係者をメディア部門に据えるクライアンテリズムによって行われることが一般的である。

(20) 家産制については、ウェーバー (1970) を参照。なお、ウェーバーはスルタン支配を家産制の極端な形態として位置づけている。

(21) このことは、広く言えば体制の崩壊は正統性の喪失の結果であり、前体制の崩壊は新体制の正統性を強化することにつながることを示している (リンス 2020: 62)。ただし、権威主義体制において、誰 (エリートか国民か) が正統性を認識しているかは重要な論点であろう。仮に国民の大多数が正統性を感じていなくても、エリートが正統性を感じ、抑圧を高めることによって体制を維持することができる可能性があるからである。しかし、そのような体制が耐久性に欠けることは言うまでもない。

(22) なお、危機に際しては通常なら限られた影響しかもたないスキャンダルなどが緊張をあぶり出すことがある (同上 : 174)。

(23) それゆえに、個人支配が敷かれる国家は内戦が発生しやすい。

(24) 個人支配では私兵集団化された軍による苛烈な抑圧が行われる傾向にあることは確認したとおりである。このことは、社会による非暴力的な抵抗の原理を低下させる可能性がある (Pinckney 2016)。ニカラグアで生じたサンディニスタ革命や、イラン革命、ルーマニア革命など、数々の大衆蜂起が暴力を伴って生じたことは、個人支配が暴力の烈度を高めていたことの裏返しと呼べるかもしれない。ただし、これら3つの事例が表すように、個人支配は崩壊後に民主化する可能性が最も低い体制でもある (Geddes, Wright and Frantz 2014)。

（25）天然資源の存在が、個人化を促す可能性を示唆する研究もある（Fails 2020）。

（26）以上から、様々な先行研究に基づけば、一党支配は軍事支配や個人支配と比べて、制度的制約、透明性、戦争実行能力、価値の共有などから対外政策において軍事力行使を控える傾向にあるという（Peceny, Beer and Sanchez-Terry 2002; Weeks 2014）。

第1章

ロシア

プーチンは99％のロシア人より理性的だ――ロシア高官および評論家[1]

2022年2月24日、ロシアは特別軍事作戦と銘打ってウクライナ侵攻を開始した。それ以前から国境付近に大規模な軍を結集させたり、[2]プーチン大統領が「ドンバスでのロシア人に対する大量虐殺」に言及したりしたことから不穏な空気が漂っていた。しかし、危険な対外行動を予期させるロシアの動向に対して、多くの専門家は侵攻の可能性を低く見積もった。なぜなら、それが「非合理」に映ったからである。

しかし、ウクライナ侵攻は実行に移された。侵攻開始後、このような「非合理」な決定を読み解くことを目的として、プーチン個人に焦点を当てた研究がなされている。プーチンの「世界観」に関する研究（溝口 2022）、精神分析（Linden and Wilkes 2022）などがそれにあたる。

また、世界では多くのロシア人が生活を営んでおり、それらの人々の交わりを無視した衝撃

2022 年 3 月，オンライン会議をするプーチン（www.kremlin.ru.）

的な出来事だったからか、巷ではロシアによるウクライナ侵攻を「プーチンの戦争」と評して、そこで生じている惨劇をプーチン個人の責任とし、ロシア国民の責任とは分離して考える論調も多く見られる。

では、ウクライナ侵攻が決定された際のロシアの政治体制はどのような様態だったのだろうか。プーチンは、なぜ国民に多くの犠牲を払わせる「戦争」を大きな抵抗なく決定できたのだろうか。すなわち、ロシアの政治体制は2022年2月の時点で個人支配化していたのだろうか。これが本章で確認するひとつ目の問いである。もうひとつは、ロシアで個人化が進んでいたとすれば、それはどのような経緯で進み、ウクライナ侵攻はどのように位置づけられたのか。この2つを問うてみたい。

以下では、ソ連崩壊後のロシアの政治体制の変化を追うことと並行して、同国の外交政策の変遷を捉える。その上で、最終節では、ウクライナ侵攻後にたびたび議論に上るプーチン体制崩壊の可能性について、ロシアの政治体制の今後についても検討する。

第1節　ロシアの政治体制

1　民主化

冷戦期において、ロシアの前身であるソ連は社会主義陣営の盟主であったことはよく知られている。ソ連ではソ連共産党を中心とする一党支配体制が長きにわたって構築されていた。しかし、もう一方の大国・米国との間で進展した冷戦は、大国間が軍事力で直接相まみえることはなくても、同国の社会経済に着実にダメージを与えていった。米ソ対立が深化した結果として、冷戦は終結し、ソ連共産党による一党支配体制も終わりを告げることとなったのである。

ソ連崩壊後のロシアでは、市場経済の導入や国営企業の民営化によって、ソ連共産党による一党支配の否定が行われ、民主化が進められた(3)。しかし、この民主化プロセスが、新たな課題を生み出すこととなった。例えば、社会主義を打破し、民主的な経済環境を構築するための民営化によって、政府とコネをもつ者にエネルギーなどの巨大な産業利権が渡り、ロシア経済を牛耳り、ときには政治に影響力を行使するボリス・ベレゾフスキーやミハイル・ホドルコフスキーなどに代表される新興財閥「オリガルヒ」が生み出されたのである。さらに、市場経済の導入は、国内に深刻なインフレをもたらし、国民生活に多大なダメージを与えた。年間インフレ率は1992年で2500％、1993年で840％、1994年で215％、1995年で131％に及んだという（ヒル／ガディ 2016: 45）。このような政策的失敗によって、新生ロシアの経済改革は次第にその正統性を失っていき、当時の大統領ボリス・エリツィンの権威もまた低下していった（下斗米 2022: 87-88）。

1993年には議会の議長や副大統領を中心とした反対勢力が議会に立てこもる、いわゆるモスクワ騒乱が発生し、1994年にはチェチェン共和国の独立運動を阻止するための紛争である第一次チェチェン戦争において苦戦を強いられるなど、エリツィンは国内外での苦境に直面していた。これらに対し、エリツィンは1995年の戦勝50周年記念に赤の広場での軍事パレードを復活させ、その後もヒトラー率いるドイツを相手に戦った大祖国戦争（独ソ戦）を記念する公園や彫刻などを建設し、国民からの支持拡大に努めた（ラリュエル 2022: 93）。

しかしながら、国民からの支持を回復できず、1996年の大統領選挙に際して苦戦が予想されたエリツィンは、オリガルヒたちに協力を仰いだ。これにより、選挙戦に資金を提供した有力なオリガルヒたちは、大統領を自分たちで決められるほどの権力と、政府内での役職を得た（ヒル／ガディ 2016: 50-51）。政治権力をオリガルヒとの取引材料とすることにより、決選投票までもつれたもののエリツィンは勝利を収めた。

2期目の船出を果たしたエリツィン政権であったが、1997年に発生したアジア通貨危機の影響により、その経済改革は停滞していった。さらに、エリツィン自身の健康問題も浮上した。これに対し、IMF（国際通貨基金）から融資がなされ、その主導者であった元SVR（対外諜報庁）長官のエフゲニー・プリマコフ首相がエリツィンの後継者と目されるようになるも、エリツィンの後を継いだのはロシアの治安維持や諜報活動を担うFSB（ロシア連邦保安庁）[4]長官を務めていたプーチンであった。プリマコフは共産党や改革派野党の協力を得ながらエネルギー企業への規制を強めたことから、エリツィンの周辺はプーチンに対抗馬としての白羽の矢を立てたとされる。また、エリツィン自身も1999年にロシアや中国の反対を振り切って国連安保理の決議を経ないままコソボ空爆を行ったNATO（北大西洋条約機構）の態度や、同機構の東方拡大を懸念しており、後継者にはコソボ紛争とNATOをよく知るシロビキ（治安機関関係者）を求めたという（下斗米 2022: 156-157）。[5] さらに、プーチンがエリツィンの後継者となったのは、「家族」と呼ばれるオリガルヒから成るエリツィンの側近集団にとって、当時無名で忠誠心に厚いプーチンが御しやすい対象として見られていたからでもあった（朝日新聞国際報道部 2019）。[6]

2 プーチンの登場――プーチンの1期目

1999年8月に首相代行に就任したプーチンは、同時期にモスクワやダゲスタン共和国で発生した爆破事件がチェチェン独立派によって行われたと主張し、チェチェンに侵攻して国民のナショナリズムに訴えていった（第二次チェチェン戦争）。ダゲスタンで発生した爆破事件は軍事侵攻を正当化するために、プーチンがFSBに指示したものであったとされる（エルチャニノフ 2022: 67）。

この自作自演による侵攻は、プーチンの権力固めへの足掛かりとなった。同年12月に行われた下院議員選挙において、共産党が24％、エリツィン時代から緊急事態大臣を務め、のちにプーチンの側近となるセルゲイ・ショイグが設立したプーチン支持派の「統一」が23％の票を獲得した。数字の上では「統一」は第二党であったが、チェチェンなどへの対応を経て共産党も準与党化していた（下斗米 2020: 61-62）。議会においてプーチンを支える基盤が誕生しつつあったのである。その後、「統一」は2001年に第三党の「祖国・全ロシア」と合併して「統一ロシア」となり、プーチンを支える支配政党となっていく。

プーチンはエリツィンの辞職による大統領代行を経て、2000年の大統領選挙で53％の票を得て正式に大統領となったが、その得票率からも明らかなとおり、権力基盤が安定しているとは言い難かった。さらに当時は、エリツィン時代から続く経済停滞に加え、汚職などの政治腐敗も問題視されていた。また、後述するようにNATOの東方拡大などの懸念もあった。

こうした事態を克服するため、プーチンは出身母体であるKGB（ソ連国家保安委員会）を含むシロビキや、自らの故郷であり副市長も務めたサンクトペテルブルクから自身の側近を抜擢して権力基盤の強化を図った。さらに、これまで政権を支えるとともに、政治的権力を握ってきた一部のオリガルヒを追放し、汚職対策を実施することで国民からの支持を獲得しようとした。この時期からクライアンテリズムに基づく権力基盤の構築は進んでいたのである。現に、プーチン体制のために働き、実績を上げた人々には金銭や特権などの報酬が与えられるようになった（ヒル／ガディ 2016: 261）。

メディアに対しては反対的な勢力に対する統制を強めながらも、自身の政治的権威を高めるプロパガンダを進めていった。例えば、プーチンが直接国民の質問に答える「プーチン・ホットライン」は毎年全国で放送され、国民に寄り添う姿勢を演出し、すべての問題はプーチンが解決してくれるというイメージを人々に植えつけようとした（同上：217）。

また、党員数や政党支部数を規定する政党法を制定して、大政党に有利な選挙制度改革を行い、統一ロシアの拡大に努めた（大串 2018）。中央および地方のエリートにとって、統一ロシアへの参加は「懐柔」に与るための手段であった（Reuter 2017）。

地方に対しては、全国を7つに分ける連邦管区制を導入した。連邦管区には大統領全権代表を配置し、連邦レベルでの決定が実施されているかを監督し、各管区内の状況を大統領に報告する仕組みが作られ（溝口 2016: 183）、大統領による垂直的な行政統制を強化した（下斗米 2020: 91）。さらに、これまで続いてきた地方の首長が自動的に上院議員になれる制度も廃止した。これは、90年代において知事が中央の政敵であったからでもあった（Baturo and Elkink 2021: 10）。実際、当時の地方（特に共和国）のリーダーたちは、ロシア政府の法令を地元の利害にあわせて解釈し、独自の経済を作り上げ、税金の支払いを拒否し、中央政府の政策を批判していた（ヒル／ガディ 2016: 53）。

以上のように、プーチンは汚職対策や制度の変更によって、中央と地方の双方における反対派を放逐しつつも、クライアンテリズムを駆使して自身に権力を集中させることによって、国家と体制の危機を乗り越えようとしたのであった。ロシア軍事専門家の小泉悠は、プーチンは自らを危機に際しての「戒厳令司令官」として規定したのではないかと主張する（小泉悠 2022c: 170-172）。たしかに、プーチンには国家の非常事態に際して自身に権力を集中させ、それを乗り越えようとする姿勢が見られる。ただし、過去に同様の選択をした複数のリーダーたちが、そのまま個人支配を構築して権力の座に居座り続けたことには留意が必要である。[7]

また、プーチンは２０００年にソ連国歌のメロディを国歌に復活させ、帝政ロシア時代の双頭の鷲のデザインを国章に採用し、国民の郷愁にも訴えた（エルチャニノフ 2022: 41）。同時に、彼はこの時期からロシア正教への信仰を取り戻したと公言していくようになった（ヒル／ガディ 2016: 92）。プーチンは政権の安定のために、国民の多数が信仰する宗教をも利用し始めたのであった。

プーチンの一連の取り組みは奏功した。2003年の選挙ではプーチンを支持する統一ロシアが圧勝し、翌2004年の大統領選挙でもプーチンが71・9％の票を得て当選した。これをもって、プーチンは国民の大多数から支持される大統領となったのである。エリツィン政権期および第一次プーチン政権初期は政治体制も民主的多元主義を維持しようとし、反対派にも寛容であったとされる（Shevtsova 2015: 30）。しかし、国民の広い支持を受けたプーチンは、徐々に政治体制の個人化を加速させていくこととなる。

3　権力の集中と抑圧・懐柔・正統化の拡大――プーチンの2期目

2期目に入ったプーチンは、ベレゾフスキーなどのマスコミを握ったオリガルヒを海外へと追放し、残りの集団に資本家としての政経分離を求め、ホドルコフスキーの石油会社をKGB時代の友人の会社に再編した（下斗米 2022: 160-163）。プーチンはオリガルヒ支配への批判を展開しながら国民の支持を得る一方、ホドルコフスキーの政治介入や政治的野心を警戒し、彼を表舞台から追い出したのであった（安達 2016: 281-292）。

2004年9月にはコーカサス地方のベスランでチェチェン共和国独立派のグループが中学校を占拠する事件が発生し、1000人を超える死傷者が出た。これを受け、プーチンはテロ対策を掲げて知事を選挙制から大統領による任命制とし、地方への影響力を拡大した（下斗米 2020: 118）。事件の原因を地方政府がテロリストへの監視を怠ったためであると主張し、民主的な制度を廃止したのである（エルチャニノフ 2022: 103）。ただし、この決定は地方の長期政権化を可能とするため、中央と地方の互恵関係を強化する側面もあった（溝口 2016: 185）。

他方、2003年にはジョージアにおいて民主化を訴えるミハイル・サアカシビリが大統領の座に就くバラ革命、翌2004年にはウクライナで親欧派のヴィクトル・ユシチェンコが親ロ派のヴィクトル・ヤヌコーヴィッチを選挙で破って大統領となるオレンジ革命が起きた。[8]「カラー革命」と呼ばれる旧ソ連諸国における一連の政治変動では、主に若者がその運動を担っていた。これらをプーチンは米国の陰謀であると主張し、米国との対峙姿勢を強めていった。同時に、「ナーシ（民主主義および反ファシスト青少年運動）」と呼ばれる青年組織を設立して、若者の愛国主義を涵養することで内部からの民主化運動を防ごうとした。この組織は、ナチスを熱烈に支持したナチスドイツ時代のヒトラーユーゲントと対比されることもある（ラリュエル 2022: 47）。

さらに、プーチンはこの頃から大祖国戦争での勝利とそれを成し遂げたスターリンの強権的な統治手法を見直し始めていった（西山 2018）。例えば、戦勝のシンボルとされるオレンジと黒のストライプから成るゲオルギー・リボンが国民に無料配布され、２００７年からはそれをプーチンや政権幹部、国営放送のニュースキャスターが身に着けるようになった（西山 2023: 73-74）。ロシアの独立系調査機関によると「戦勝に誇りを感じる」と考える人の割合は、２００３年で83％、２０２０年で89％を記録していた（同上：71）。

他方、２００５年にはロシア連邦社会院を設立し、多様な社会団体に政治行政に対して影響力を行使する権利を保障した（栗原 2021）。これにより、反対派を公的な枠組みの中に取り込んだ。プーチンは反対派への「懐柔」も怠らなかった。

２００７年の選挙からは小選挙区比例代表並立制が完全比例代表制へと変更されるとともに阻止条項が５％から７％に引き上げられ、反対勢力の当選が困難となった。以降、プーチンを支持する統一ロシアと体制内野党のみが参加する事実上の覇権政党型の政党システムがとられていくこととなった。こうして議会はラバースタンプ機関へと化したのであった（Baturo and Elkink 2021: 10）。

4　個人支配への下地作り――タンデム

プーチンが大統領に就任してから、ロシアは世界で最も急成長を遂げた国のひとつである。プーチンが政権を握って5年足らずでロシアの対外債務はほぼゼロとなり、ＩＭＦへの債務も3年半前倒しで完済された（ヒル／ガディ 2016: 113, 168）。ただこれは、国際的な原油価格の高騰によるところが大きかった。とはいえ、国民の所得は２・5倍に成長し（下斗米 2020: 165）、それに伴う社会福祉は確実に充実した。

2期8年の任期で確かな経済成長を果たしたプーチンは、２００8年には憲法上の制約から、サンクトペテルブルク時代からの側近であるドミートリー・メドベージェフに大統領職を譲り、自身は首相職に就いた。しかし、いわゆるこの「タンデム」期においても、大統領任期が4年から6年に延長されるなど、のちに再登板するプーチンの個人支配への下地作りが進んだ。このような憲法改正は政治的安定や統治の効率化を目的として正当化された（溝口 2020: 11）。バトゥロとエルキンクの調査によると、プーチンはこの時期においても最も影響力のある政治家であった（Baturo and Elkink 2021: 165）。

２０００年代から進められたスターリンをはじめとするソ連時代の再評価は継続され、歴史教科書の記述や、ポスター、式典などもが対象となった（エルチャニノフ 2022: 47-48）。２０１

0年代からは反ナチズム（ファシズム）や反欧米的なプロパガンダがインターネットやテレビなどで強化された（小原 2022: 136）。それは欧米からの影響に対抗するために最も有効な手段のひとつであった（Shevtsova 2015: 28）。ファシズムとの戦い、すなわち大祖国戦争は自国を欧州安全保障において正統な立場を占めるものとして位置づけ、国民からの支持を得るために使用された。実際、この戦争は全国民が同意するロシアの社会的コンセンサスを強化するために国家が利用可能な過去であるとされる。さらに、ファシズムに対する歴史はスターリン時代の暴力を勝利の代償として正統化したのであった（ラリュエル 2022）。このような現代までに至るソ連時代の再評価や反ファシズム、反欧米の通奏低音は、現代におけるプーチンによる強権的な統治を容認することにつながったと考えられる。(9)

しかし、2010年代からは原油価格が停滞したことで、ロシアの石油頼みの経済政策に限界が見え始めていた。2011年には下院議員選挙でプーチンが党首に就任した統一ロシアが第一党を維持しながらも改選前の315議席から238議席に大幅に議席を減らすとともに、開票作業において不正が発覚し、1990年代以来最大規模ともされる10万人規模の抗議運動も発生していた。ここには、チェチェン戦争を経て、チェチェンを含む北コーカサス地方の共和国がロシア政府の援助に頼りきりになっていたことから、ロシア人の優遇を求める民族主義者も含まれていた（ヒル／ガディ 2016: 122）。この危機にプーチンは再び権力の座に戻ることとなる。

5　政治体制の個人化へ――プーチンの3期目

２０１２年、63・6％の票を得て大統領に返り咲いたプーチンであったが、２００８年の世界金融危機と、ジョージア戦争に伴う景気後退や国際社会からの孤立に加え、タンデム体制に対する国民の不満も高まっていた。特に、大統領選挙において最大都市モスクワで全国最低の得票率（47％弱）であったことは（同上：282）、政権を維持するための大きな不安材料だった。さらに、２０１１年の抗議行動に参加し、反体制派のシンボルとなっていたアレクセイ・ナワリヌイが２０１３年のモスクワ市長選挙で2位となったこともプーチンにとって脅威に映ったであろう。

加えて、２０１０年から２０１２年にかけて中東・北アフリカ地域では「アラブの春」が発生し、これはカラー革命を想起させるものであった。これらの民主化運動の波がロシアに波及する可能性も懸念されたのである。これに対し、２０１２年にプーチンは外国エージェント法を成立させ、外国から資金を得るＮＧＯを外国のスパイに操られた組織として規制した。[10]さらに、結社の自由を制限し、関連する犯罪に対する罰金も増額され、インターネットの制限やウェブサイトの監視も強化された（Shevtsova 2015: 30）。

一方で、プーチンは人々の愛国心に訴えるとともに、ロシア正教という伝統的な宗教勢力に依存し、米国人によるロシア人の養子縁組や、同性愛の宣伝を禁ずるなど、保守主義に訴えて自らの正統性を高めようとした。ロシアにおいては人々の宗教への依存度は高く、このような保守主義はロシア国民の56％に支持された（エルチャニノフ 2022: 115-117）。

また、統一ロシアの支持率が低下していたことから、プーチンは超党派かつ多様な市民社会を包摂する国民運動である全ロシア人民戦線を社会団体（設立宣言は２０１１年）とし、統一ロシアの党首を辞任した（Reuter 2017）。その後も統一ロシアはプーチンを支える与党であり続けるが、このような新たな運動体の創設は個人化の兆候である。

このとき、プーチンはロシアのアイデンティティをアジアやヨーロッパではなくユーラシアに求める「ユーラシア主義」を掲げ、ＥＥＵ（ユーラシア経済連合）の創設を目指して、ウクライナに加盟を求めた。このユーラシア主義もロシア国民のナショナリズムに訴えかけるものであった。

当時、ＥＵ（欧州連合）との連合協定を進めていたウクライナであったが、２０１３年に親ロ派のヤヌコーヴィッチ大統領が正式調印に関する協議を中止したことから、翌２０１４年に市民による抗議行動が沸騰し、ヤヌコーヴィッチはロシアへと逃亡することとなった。「マイダン革命」と呼ばれるこの騒乱は、民主化運動の波がロシアへも届くことを再び想起させた。

これに対し、プーチンは２０１４年にクリミア併合を強行し、やはり国民のナショナリズムに訴えた。政府はクリミア併合をウクライナのＮＡＴＯ参入への脅威に対する対応と主張した（Shevtsova 2015: 32）。この行動はロシア国民から厚い支持を受け、プーチンの支持率は20ポイント以上も上昇した。同年にはソチ冬季オリンピックも開催され、プーチンは国家の復活を誇示した（ヒル／ガディ 2016: 310）。この頃からプーチンは、外交においても全国民に広く訴えかけることができるアイデンティティを利用する戦略に一層傾斜していったのである。

さらに、２０１６年にはロシア連邦国家親衛軍庁を設立し、これまで内務省の管轄であった治安関連部隊を大統領直轄とし、同庁長官に側近を配置した（小泉 2021: 106-108）。これは、軍の私兵集団化と準軍事組織の設立に相当するものである。これにより、プーチンは自らの身を守りながら軍・治安機構でも影響力を強化した。バトゥロとエルキンクによれば、この時期に、クライアンテリズムや反対派の放逐によって重要ポストが掌握され、公的制度の破壊、すなわちプーチンの個人化が進んだという（Baturo and Elkink 2021）。プーチンは人事によって権力中枢を掌握することで自身の権力を拡張させたのであった。

以上のように、国内における反体制運動に対して、プーチンは反ファシズムなどの保守主義的な主張を用いて体制の安定化を図ったが、スターリン時代の暴力の記憶が体制の不安定化につながることがないよう、ソ連時代の被政治弾圧者に対する追悼碑を訪れたり、犠牲者に対する嘆きのモニュメントを建設したりした。さらに、スターリン時代の暴力に関する記憶事業は部分的にロシア正教会に移管された（ラリュエル 2022: 300-301）。ロシア正教会を利用したことは、ロシアの人々にソ連時代の良い面に郷愁を抱かせつつ、悪い面を追求させないようにする戦略であったと言えよう。

しかし、体制を維持するための懸念が完全に払拭されたわけではなかった。２０１７年には、サンクトペテルブルクでチェチェン共和国の分離独立を求めるイスラム過激派による地下鉄爆破テロ事件が起こり、チェチェンの影響がいまだ拭い去れていないことが白日の下にさらされたからである。また、同年にはナワリヌイが政権の腐敗を告発し、国内では大規模な抗議行動が発生していた（エルチャニノフ 2022: 288）。

6　個人支配の完成――プーチンの4期目

大統領選挙で77・5％の票を得て、２０１８年から4期目に突入したプーチン政権であったが、下院議会で可決された年金制度改革による付加価値税の引き上げに対する国民からの不満を受け、支持率低下に直面した（同上：290-291）。また、3期目から続く課題も解決されていなかった。

これに対し、プーチンは２０１９年に外国エージェントの対象を「外国メディアを報道する個人」にまで拡大するとともに、インターネット上の言論弾圧を実施して「抑圧」を高めた。さらに、2020年には憲法改正の国民投票を行い、大統領任期をリセットして、クライアンテリズムの固定化を図った。これにより、プーチンは2036年まで大統領を続けられることとなった。この憲法改正では、憲法の国際法への優先が明記されるとともに、伝統的価値の尊重が各所に付記された（小泉直美 2023: 114）。加えて、大統領による首相の解任権が認められるなど、大統領の中央・地方双方への体系的な執行権力が整備された（長谷川 2021）。

ただ、同年8月には隣国ベラルーシで個人支配型の権威主義体制を構築していたアレクサンドル・ルカシェンコの6期目の大統領当選をめぐって大規模な抗議行動が発生しており、民衆革命の懸念は拭い去れていなかった。

さらに、同年にはナワリヌイに対する毒殺未遂、翌年には拘束という出来事もあった。2022年頃にはクリミア併合による熱狂は冷め、西側諸国からの経済制裁やEEUの行き詰まりなどによって、国民は政権から心を遠ざけつつあった（エルチャニノフ 2022: 286-287）。ここで断行されるのが2022年のウクライナ侵攻である。後述するように、ウクライナ侵攻は体制の正統性を確保するための手段であったと考えられる。

しかし、ウクライナ侵攻に対しては国内からの反発も大きく、これに対しプーチンは、これまで認められてきた独立系メディアを締め出して反対派への「抑圧」をさらに高めた。国内で特別軍事作戦を「戦争」と報道すると偽情報と見なされることもあるという（下斗米 2022: 212-213）。また、同時期から世界を揺るがしている新型コロナウイルスの蔓延は、大統領へのアクセスを減少させた（同上：173）。これがプーチンへの権力集中と独断の機会の増加をもたらしたとも言える。

以上のように、プーチンは漸進的に自身に権力を集中してきた。ロシアでは、**序章**で確認した個人化の指標のすべてが見られるのである。[11] その個人化は、事実上の任期撤廃によって２０２０年頃に一応の完成を見たと言えよう。すなわち、２０２２年のウクライナ侵攻は、プーチンに権力が集中する中で決行されたのである。文字どおり「プーチンの戦争」と言える決断であった。

第２節　ロシアの対外政策

１　プーチン以前のロシア外交

ソ連崩壊に際して、バルト三国とジョージアを除く旧ソ連諸国は、ソ連崩壊と兵器管理のためにＣＩＳ（独立国家共同体）を成立させた。ロシアは旧ソ連地域再統合の足掛かりとしてこの枠組みを捉えていたが、加盟国はユーゴスラビア紛争のような危機を抑止し、円満離婚をするための枠組みとしてしか捉えていなかった（ヒル／ガディ 2016: 55-56）。よく知られているように、以降もロシアは旧ソ連諸国に対して強硬な対外政策を展開していくこととなる。いわば、これらの地域は冷戦が終わってもロシアにとって一定の影響力を行使でき、ときに国内のように扱うことができる「勢力圏」なのであった（小泉悠 2019）。ロシアのウクライナ侵攻もこのような背景があることは想像に難くない。

また、常に西側諸国と対立しているようにも見えるロシアであるが、その態度は時代によって異なっている。実際、冷戦直後のエリツィン大統領の時代には、第二次戦略兵器削減条約の調印など米ロ間の関係改善の兆しも見られた。しかし、その後はボスニア・ヘルツェゴヴィナ紛争をめぐってロシアと米国および近隣諸国との態度の違いが鮮明となり、両者の関係は悪化していくこととなる。この頃から、ロシアにとって、旧ソ連諸国との関係が外交政策の最優先事項となり（ヒル／ガディ 2016: 54-57）、プーチン政権でもそれが踏襲されていくこととなる。

2　プーチン体制下の対外政策——ウクライナ侵攻以前

プーチンも大統領就任当初は、西側諸国が規定する「普遍的価値観」に対して批判的な態度をとっていなかった（同上：374）。

1期目に権力集中の下地を作り、2期目を迎えたプーチンは国内における体制の安定化が進むと、国際社会でも発言力を高めていく。当時は、IMFや世界の主要債権国から成る「パリクラブ」への債務が完済していたことに加え（同上：380）、イラク戦争によって欧米間でも亀裂があり、ロシアの存在感が増していたからである（下斗米 2022: 164）。

2008年に発生したジョージア戦争では、ロシアは旧ソ連諸国に住むロシア系住民を保護する責任を負っていると主張し、軍事介入を行った（小泉悠 2019: 55）。戦争はフランスの仲介によって終結したが、ロシアはジョージア内にある南オセチアとアブハジアという分離主義的な地域の独立を承認した。もちろんこれに賛同する国はほとんどおらず、ロシアの旧ソ連諸国に対する野心的な姿勢が露わとなった。

2011年、バイデン米副大統領がモスクワを訪問し、プーチンよりもリベラルと目されたメドベージェフに大統領続投要請を行った。このことが、プーチンによる9月末の大統領復帰発言、10月のユーラシア連合の提唱、さらにはNATO拡大への警戒へとつながった（下斗米 2022: 39）。前述のとおり、国内では選挙不正に対する抗議デモが生じていた。これらに対し、プーチンは正統性を高めるため、強硬な対外政策をとるようになる（Shevtsova 2015）。

ユーラシア連合は、CISを代替し（ヒル／ガディ 2016: 130）、政治経済における協力関係のみならず、EUに対抗し、権威主義国家が互いの政治体制を維持することをも目的としていた。他にも、2002年に機構化された旧ソ連6か国から成るCSTO（集団安全保障条約機構）[12]、中国を含む中央アジア諸国で構成され、2001年に創設されたSCO（上海協力機構）があり、これらがロシアの周辺地域に影響を与え、各国のバランスをとるフレームワークとなっている（Shevtsova 2015: 26-27）。

ユーラシア連合構想に内包されたEEUの創設を目指していたプーチンであったが、ウクライナでマイダン革命が起きたことにより、その構想は停滞していた。また、プーチンは中国との間での関係深化を目指したが、同国が2012年頃から北極海に対して野心的な行動をとるようになっていたこともあり、その関係は微妙であった。SCOにおいても、中国がロシアの勢力圏に影響力を高めようとすることにロシアは警戒感を抱いており、両国の関係には「協調と対立」が見られる（廣瀬 2018）。

こうした事態に至って、ロシアは2014年に強制的にクリミア併合を断行する。同年3月18日の「ロシア連邦国民への演説」において、プーチンは「分離したロシアの土地を再び一つにする」と宣言した。この演説は、2日前に実施されたウクライナ領であるクリミア半島の併合に関する住民投票、前日のロシアによるクリミア併合を認める大統領令を正当化するためであった。これに対し、現地に在住するタタール人（クリミア半島の先住民）、ウクライナ、そして国際社会は当然ロシアを非難したが、プーチンはこれに対し、国際社会からの批判は18世紀から続くロシアに対する抑え込みであり、ロシアを迫害しようとする西側諸国からロシアを守るという言説で応酬した（エルチャニノフ 2022: 132-134）。クリミア併合は、プーチンにとっての「正統化」の手段であった。

前述したとおり、ロシアでは反ファシズムに対するプロパガンダが広がっていたが、アラブの春や下院議員選挙での不正に対するデモの存在からも明らかなとおり、体制は必ずしも安定しているとは言えなかった。これに対して、プーチンはクリミア併合を通じて国民からの支持を得て、個人化を促進させたのであった。

プーチンはウクライナにおける一連の行動を「ノヴォロシア（新ロシア）計画」と名づけ、ロシアの南西に位置する国々に住むロシア人およびロシア語話者たちの人権と利益を守るとして、支配地域を拡大しようとしてきた（同上：254-255）。

一方、ウクライナでは２０１９年に元タレントのヴォロディミル・ゼレンスキーが国内で蔓延する汚職や、マイダン革命、クリミア併合から続くドンバス紛争に伴う生活ひっ迫の改善を訴えて大統領に当選した（松嵜 2022）。当初、ゼレンスキーは容ロ派と見られていたが、ロシアがドンバス紛争の停戦を目指して締結された、ウクライナ東部の親ロ派武装勢力が占領する地域に特別な地位を認める第二次ミンスク合意の履行を迫れば迫るほど、ＮＡＴＯ加盟を明確に打ち出していった（大串 2022: 16）。さらに、２０１４年以降、ＮＡＴＯとの連携を強め、同

機構によるウクライナ軍の能力構築支援も強化されていた。(13)

そして、2021年7月12日、プーチンによって「ロシア人とウクライナ人の歴史的一体性について」と題する論文が発表される。この論文において、プーチンはロシア人とウクライナ人が歴史的不可分な存在であること、ウクライナが西側の手先に成り下がっていること、ウクライナ政府がネオナチ思想に毒され、ロシア系住民を迫害し、核開発を目論む脅威であることを示し、ウクライナはロシアとのパートナーシップを通じて真の主権を取り戻すべきであると主張した(小泉悠 2022b: 21-22)。この論文が発表される前年には、憲法改正によってプーチンの個人支配は事実上の完成を迎えていた。

3　ウクライナ侵攻とプーチン――正統化のための戦い

前節で確認したとおり、当時のロシアではクリミアの熱狂が冷め、経済制裁の影響を受け、国民の心が政権から離れつつあった。それを打破するため、プーチンはクリミア併合の成功体験に訴えた。これが、2022年2月のウクライナ侵攻である。

プーチンはウクライナ侵攻を「特別軍事作戦」と呼び、侵攻の動機を、米国とNATOによるウクライナの軍事化が進んでいるためロシア侵攻を未然に防ぎ、ウクライナ政府によるジェノサイド攻撃を受けているドンバスの救済要請に応えることとし、目的を、ドンバス住民のウクライナ政府によるジェノサイドからの保護、ウクライナの非軍事化と脱ナチ化[14]、市民に対する犯罪者の訴追とした上で、ウクライナ占領の意図はないと主張した（小泉直美 2023: 96）。

ウクライナ侵攻に際して、ドンバスの親ロ派勢力はクリミアと同じようにロシアに編入されることを望んだようだが、プーチンはウクライナの連邦化によってNATO加盟を阻止するために、それを認めなかったという（同上：109）。[15]

ロシア政治専門家のフィオナ・ヒルとクリフォード・ガディによれば、プーチンは2000年代以降の外国の行動について、ウクライナなどの旧ロシア帝国の国境地帯が西側諸国の介入の足掛かりとなっており、カラー革命はロシアで計画していた同様の作戦のリハーサルであり、オレンジ革命、EUとの連合協定の交渉をめぐる一連の動きはウクライナをロシアの「勢力圏」から引き離そうとする西側諸国の企みである。そのため、西側諸国がロシア、ウクライナ、そしてユーラシア全体の統一を邪魔しようとしていると考えているという（ヒル／ガディ 2016: 315）。同書の原著は2015年に出版されたが、その後も同様の思考をプーチンはもち続けていたのかもしれない。

ここまで確認したとおり、ウクライナへの侵攻は「個人化」の帰結であると言うこともできる。ウクライナ侵攻が行われる数年前に個人支配が完成していたからである。個人化によって、プーチンとの間には「縦のつながり」しかなくなり、「横のつながり」が存在しなくなったのである（同上：265-266）。これにより、プーチンは大きな制約を受けずにウクライナ侵攻を選択することができたと考えられる。

では、ジョージア戦争やクリミア併合との違いは何だろうか。体制の維持が至上命題である権威主義体制では、対外政策もそのために利用される。事実、ジョージア、クリミアでの強硬な対外政策を通じて、大統領の支持率は高まった。大国への渇望は権力を持続化させるためのものだったのである（Shevtsova 2015: 27）。

しかし、ジョージア、クリミアの際には、プーチンの個人化は途上にあった。だからこそ軍事行動も国際批判をある程度にまで抑えられる方法が案出された。ある意味で、この段階におけるロシアは歯止めが利き、妥協ができる政治体制であった。

他方、個人支配成立後に断行されたウクライナ侵攻は、プーチンの「正統性」の根源と化している。それゆえに、多数の死傷者を出してもプーチンはこの戦争をやめることができないのかもしれない。国際政治学者たちが「非合理」と呼んだ戦争は、独裁者の「合理的」な生き残り戦略のために実施された。プーチンはウクライナに対して引くに引けないのである。

第3節　プーチン体制のゆくえ

ここまで、ロシアにおける政治体制の個人化と、それに伴う対外政策について考察してきた。ロシアでは明白に個人化が進んできたこと、そしてウクライナ侵攻に際して個人支配が完成していたことが明らかとなった。

ウクライナ侵攻後、プーチン政権は実は末期なのではないかという説や、ロシアの政治体制が内側から崩壊することによってウクライナ侵攻が終結することを期待する声もなくはない。[16] たしかに、体制が揺らいでいるからこそ、国民の琴線に触れる対外政策を断行し、それによって「正統化」を図り、体制を維持しようとしている可能性は否定できない。

他にも、プーチンが癌を患っているとの説や（New York Post 2022）、エリートの間でクーデタが計画されているとの説も出回っている（毎日新聞 2022）。いずれも真相は明らかではないが、これらは70代を迎えたプーチンの高齢化によって体制が内側から揺らぐ可能性を示唆するものである。独裁者の高齢化や後継者問題は体制の危機につながるからである。

しかし、**序章**で確認したとおり、側近集団が独裁者と一蓮托生である個人支配は上からの体制変動が起きにくい傾向にある。例えば、オリガルヒへの制裁は、プーチンの「懐柔」のための資源を縮小させても、彼らがプーチンに停戦を呼び掛けたり、プーチンを追い落とそうとしたりする可能性は高くないとの指摘もある（安達 2022)。プーチンは、２０１２年に制裁に耐えるために側近やビジネス界の大物に外国資産をモスクワに戻すように命じていたと言われている（ヒル／ガディ 2016: 421)。[17] とはいえ、仮にウクライナ侵攻がプーチンと少数の側近との間で決定されたとすれば、そのことはプーチンが側近集団から一定の制約を受けていることを意味し、彼らに対する「懐柔」が今後も求められることとなる。プーチンが上からの体制崩壊を防ぐことができるかは「懐柔」を維持できるかにかかっている。もしそれができなければ、体制の危機を察知したエリートが離反する可能性はある。

では、下からの体制変動の可能性はどうだろうか。

ここまで見てきたとおり、ロシアは近隣諸国の民主化運動を常に注視してきた。だからこそ、プーチンも人々を結びつけるインターネットやメディアの規制強化に力を入れてきた。その一方で、ウクライナ侵攻が停滞する中、プーチンが部分動員のみを発令し、総動員令をかけないのは、国民の反発を恐れているからだと言われている（小泉悠 2022a: 180-181)。また、ワグネルと呼ばれる民間軍事会社の存在も、プーチンが戦争に対する国内外からの批判をかわすためであるとも考えられる。[18] プーチンが「戦争」という言葉を避け、「特別軍事作戦」という言葉にこだわるのは、国際社会からの視線や戦後処理の観点のみならず、国内からの反発を避けるためであろう。[19] プーチンがウクライナ侵攻後も軍高官たちの首を頻繁に挿げ替えている点も（同上：158）、プーチンの権力の大きさのみならず、停滞する戦争の責任を軍に押しつけているとも言えるかもしれない。

ただし、ロシア政治専門家の下斗米伸夫によれば、社会の安定をもたらしたプーチンは良くも悪くもロシア人の最大公約数的な存在であるという（下斗米 2022: 169）。プーチンの支持率もウクライナ侵攻後上昇し、２０２３年２月の時点で80％前後を維持しているとされる。ウクライナ侵攻がプーチンの正統性を高め、２０２４年に行われる大統領選挙での再選の足掛かりとなっている可能性はある。ただ、選挙まではまだ時間があり、今後のウクライナ侵攻の状況いかんによってはプーチン体制が揺らぐ可能性は否定できない。冷戦後では権威主義においても選挙による体制崩壊のパターンが最も多いとされているがゆえに、選挙によってプーチン体制が終焉を迎える可能性もある。しかし、ここには選挙における不正が生じないことが前提となる。

さらに、昨今ではデジタル技術の進展が国際的なロシア批判を拡大しているため、これらが国内における反プーチンの声を拡大させる可能性はあろう。[20] なお、ロシアは本書が扱う他の２事例と異なり、民主主義を経験している。２０１１年の選挙後に大規模な抗議行動が起きたことは、反対派が人々を動員し、反政府運動を展開する能力があることを示している（Smyth

2021)。実際、旧ソ連諸国では民主主義と権威主義が繰り返されている（Hale 2015）。この点を考慮すれば、ロシアは他の事例と比して民衆の声が政治に影響しやすい国家であるとも言え、再び国民の手によって民主主義への揺り戻しが生じる可能性もゼロではないと思われる。

しかし、大祖国戦争の戦勝を称揚して正統性を獲得する手法は、ソ連によって共産化されたバルト諸国やポーランドなどからの歴史認識をめぐる批判につながっている（西山 2023: 78）。このような統治手法を続ける場合、周辺諸国とのさらなる摩擦を生み出しかねず、これもまたプーチンが後戻りできない状況を作り出しているとも言える。

経済停滞や、制裁に伴う資源の減少は体制を不安定化させることは**序章**で確認したとおりである。ゆえに、ロシアに対する制裁が体制の危機を促進する可能性はある。ただし、ロシアには潤沢な天然資源があり、それをもたない国と比べると制裁の効果は限定的だろう。事実、ロシアへの制裁は、ロシアにエネルギー供給を依存する欧州諸国との間での我慢比べの様相を呈している。

以上を踏まえれば、プーチンは体制の不安定化を個人化によって乗り切ろうとし、その結果としてウクライナに侵攻した。内情を精緻に読み解くことは困難であるが、即座にプーチン体制が揺らぐ可能性は今のところは低そうである。

あらゆる政策がプーチン「個人」の正統性と結びつく今、プーチンの正統性を担保しないまま、ウクライナ戦争を終わらせることは困難であろう。

注

(1) ヒル／ガディ（2016: 124）。

(2) ロシアは、演習目的であっても欧州で1万3000人以上の兵力移動を行う場合はオブザーバーを受け入れるというウィーン文書の義務を負っていたが、ウクライナ国境付近に集められた兵力に対し、ロシア側からの説明は一切なかったという（小泉悠 2022a: 57）。

(3) ペレストロイカで知られる民主化はソ連時代からも進められていたが、より急速な改革を要求するエリツィンが台頭したことが、ソ連崩壊の伏線となった。

(4) FSBの前身はKGB（ソ連国家保安委員会）である。

(5) シロビキとは、旧KGB（現在のFSBやSVR）、国防省、内務省などの治安・軍当局全般の関係者を指す。

(6) エリートや取り巻きがコントロールしやすいという見立てによってリーダーに選出されることは珍しいことではない。このような選出方法は権威主義体制においてしばしば見られる。

(7) フィリピンのマルコス体制、ニカラグアのソモサ体制はその典型である。彼らが危機を戒厳令の公布によって乗り切ろうとした際、長期にわたって権力の座に居座り続けようとしていたかは定かではないが、結果的に危機に直面して進められた権力集中が個人支配の誕生を促し、長期にわたる個人支配が築かれることとなった。

(8) ウクライナは「2つのウクライナ」とも呼ばれるように、歴史的に親欧州派、親ロシア派の対立が生じてきた国である。なお、ジョージアとウクライナはアゼルバイジャンとモルドバを含めて19

97年に反ロ的なGUAMと呼ばれる組織を作っており、2005年には加盟国を拡大させたCDC（民主的選択共同体）を発足させ、ロシアを排除する政策を進めていたという（廣瀬 2018）。

（9）ただし、ナチズム（ファシズム）は相手の正統性を否定するための言説として利用される傾向にあり、欧米諸国はしばしばプーチンをヒトラーやムッソリーニになぞらえることもある。

（10）後述するように、同様の法律は中国でも見られる。

（11）バトゥロとエルキンクによれば、ロシアではメディアの私物化はあっても、プーチンの個人崇拝化は進んでいないがゆえに完全な「個人化」ではないという（Baturo and Elkink 2021）。

（12）1992年に条約が調印されていた。

（13）詳細は、North Atlantic Treaty Organization（2023）を参照。

（14）大祖国戦争において、ウクライナではウクライナ民族主義組織がナチスと協力して独立を目指したとされる。この間、ウクライナではユダヤ人虐殺（ポグロム）がはびこり、これがプーチンのウクライナの脱ナチ化という主張につながっているという（下斗米 2022: 111-112）。さらに、マイダン革命にはネオナチ的・国粋主義的勢力が関与し、2014年から始まったクリミア危機やドンバス紛争ではこうした勢力の武装組織も軍に編入されて戦った。ただし、ウクライナ全体がネオナチ化されているかといえばそうではない。一方、この時、ウクライナ政府はロシア語を公用語から外し、国際社会から批判を浴びていたことも留意が必要である（小泉悠 2022a: 217-218）。ウクライナの政治変動とロシアの関係については、湯浅（2019）に詳しい。

（15）NATOの拡大をめぐる約束の存在についてはしきりに議論が交わされている。冷戦末期、覚書などにはなっていないが、ソ連のミハイル・ゴルバチョフ大統領とジェイムズ・ベイカー米国務長官との間で、ドイツの統一を認める代わりに、NATOは1インチも拡大しないという取り決めが存在した。その後、ワルシャワ条約機構が解体し、ソ連が崩壊したが、ウクライナに存在する核兵器を放棄する代わりに西側が財政支援と領土保全を保障するという「ブダペスト覚書」が１９９４年に英米ロ間で結ばれた。しかし、１９９０年代半ばに、再選を目指すビル・クリントン米大統領がポーランド系有権者を取り込もうと提唱したのがＮＡＴＯの東方拡大であった。これに対し、冷戦期の対ソ連外交政策で著名なジョージ・ケナンやヘンリー・キッシンジャーらは「東方拡大は冷戦後最大の過誤である」と批判したという（下斗米 2022: 28-31）。米ロ（ソ）間の約束について述べることは筆者の専門外であるが、ヨーロッパ国際政治専門家の鶴岡路人は、この論争は最終的には解釈の問題であり決着しないだろうと論じている（鶴岡 2023: 43）。

（16）関連する研究として、保坂（2022）など。

（17）これに関する連邦議会における演説については、Official Internet Resources of the President of Russia (2012) を参照。

（18）ワグネルに関しては、ガビドゥリン（2023）を参照。

（19）脱稿後、２０２３年5月9日に実施された戦勝記念日の式典において、プーチンは戦争が開始されたという発言をした。しかし、ここで言う「戦争」はあくまで西側によって仕掛けられているという文脈に基づいており、自国が仕掛けているという主張には至っていない。

（20）この点は近年注目される「ハイブリッド戦争」の一側面である。ハイブリッド戦争については、廣瀬（2021）、志田（2021）など。いずれも主に、ハイブリッド戦争を仕掛ける側としてロシアを描いたものであるが、ウクライナ侵攻以降、ウクライナや国際社会、さらには人々の手によってデジタル技術を介した大規模なロシア批判が起きている。

第2章　中　国

統一は歴史の大勢であり、正しい道である——習近平(1)

多くの日本人にとって、ロシア以上に関心が高い国が中国であろう。中国は２０１０年にGDP（国内総生産）で日本を追い抜いて世界第2位となり、今や押しも押されもせぬ世界の大国となった。その力はいずれ米国をもしのぐとも予測されている。しかし、中国の台頭は世界にとっての好機だけでなく、リスクととられるようになって久しい。これは、冷戦後に世界の規範となった民主主義とは相いれない権威主義という抑圧的な政治体制を中国がとっているからでもある。また、「現代の皇帝」、「家父長型レーニズム」（Shambaugh 2021）、「毛沢東の再来」（Blanchette 2019）と呼ばれるように、習近平は一貫して権威主義がとられてきた中国政治史の中でも自身に権力を集中させた特異な存在でもある。

中国は、まったく同じというわけではないが、ロシアにとってのウクライナと類似する台湾

2015年7月，BRICSサミットに参加する習近平（www.kremlin.ru.）

との問題を抱えている。習近平は2017年に開催された第19回党大会において、中華人民共和国成立100周年（2049年）を迎える21世紀半ばまでに「社会主義現代化強国」を築き、「中華民族の偉大なる復興」の実現に向けて邁進するとし、将来の台湾の解放を示唆した。中国にとって、台湾解放による「祖国の完全なる統一」は、建国以来一貫した国家目標である。

実は、ロシアがウクライナに侵攻する以前の2021年3月に、米インド太平洋軍司令官のフィリップ・デービッドソンが「今後6年間のうちに中国が軍事行動をとる可能性がある」と警告していた（Suliman 2021）。結果的には、それに先んじてロシアのウクライナ侵攻が起きたが、中国の台頭に伴い、台湾に対する注目度は日に日に増している。

では、「プーチンの戦争」とも呼ばれるウクライナ侵攻と同じように、中国が台湾侵攻を行う可能性はあるのだろうか。そうであるならば、それは「習近平の戦争」と呼べるのだろうか。これが本章の問いである。プーチンの個人化に伴ってウクライナ侵攻が「非合理」に断行されたとすれば、中国で習近平への個人化が進んでいないのであれば、少なくとも「非合理」に台湾侵攻が実行に移される可能性は低くなる。

以下では、中国の政治体制と対外政策の動態を捉え、現状の中国の政治体制が「非合理」な台湾侵攻を行う様態にあるのかを考察する。その上で、中国の政治体制の今後についても付言してみたい。

第1節　中国の政治体制

1　共産党による一党支配体制

中国では一貫して中国共産党による一党支配体制が維持されてきた。中国共産党はソ連共産党をモデルとしていたが、ソ連が崩壊し、世界で社会主義のイデオロギーが縮小した現代においても安定して中国政治の主要アクターである。中国政治研究は日本でも多くの積み上げがなされており、それらによると同じ共産党による支配といえども、その様相は時期によって異なる。本章ではとりわけ習近平政権に焦点を当てるため、まずはそこに至るまでの概要をつかんでおきたい。

初代中国共産党主席の毛沢東が「政権は銃口から生まれる」と語ったエピソードはよく知られるが、これは中国共産党が中国国民党との激しい内戦を経て中国大陸を統治した史実に基づいている。

1949年に天安門広場で中華人民共和国の建国を宣言したのは毛沢東であり、以降、中国共産党による国家建設が行われていくこととなる。しかしながら、中国共産党の領導が公式文書に実際に明記されたのは1954年の全国人民代表大会（以下、全人代）で採択された中華人民共和国憲法においてであった（加茂 2022: 372）。さらに、社会主義国家として知られる中国であるが、当初から社会主義が目指されていたわけではなかった。これは、経済建設のために資本家との関係が不可欠だったことや、ソ連との関係を踏まえた国際情勢に基づいていた。その後、朝鮮戦争の勃発によるナショナリズムの高揚、朝鮮戦争参戦に伴う財政と金融に対する国家統制の強化により、社会主義を目指す「社会主義への過渡期」構想が提起された。ここにはソ連の援助と対米脅威認識の高まりがあった（同上：377-384）。

当初から現在イメージされるような中国共産党による一党支配が確立していたわけではなかったが、以後、共産党は着実に一党支配への地歩を固めていった。このような経緯から、中国の政治体制が、ソ連から学び、台湾（中華民国）、さらには西側諸国を否定するものになっていくことは必然であったと言えよう。

国内において唯一無二の統治主体となった中国共産党は、一時的に個人化の傾向が高まった毛沢東時代を除いて、党内では政治局常務委員会という意思決定機関をもち、そこから各分野を担当する最高幹部らによるいわゆる集団領導制によって政策が導出されてきた。中国の権威主義における権力は独裁者個人ではなく、党に集中していたのである。それゆえに、権威主義であっても政策形成は、党による議論を通じてなされてきた。(2)

民主主義と中央集権を組み合わせた「民主集中制」を担う全人代はいわゆる「議会」に相当するが、中国では立法府と行政府が一体となる議行合一制がとられている。そのため、議会（全人代）は実質的にラバースタンプ化している。また、中国において直接選挙がなされるのは、県以下の地方のみであり、それより上級の人代代表は間接選挙によって選ばれる。

さらに、中国には、中国共産党以外にも多様な団体や業界が参加する統一戦線組織である人民政治協商会議が存在する。この組織は多様な勢力を政治社会に取り込んでいる（加茂 2020: 38-39）。選挙や人民政治協商会議は、幅広い人に政府に対する意見を陳情する機会を与え、社会からの抵抗を抑えつつ、不満のガス抜きをするための一種の「懐柔」装置であると考えられる。

地方も共産党の指導の下にある。行政機構には党組織が張りめぐらされており、中央による体系的な党のネットワークが伸びている。人々には移動と生産活動を管理する目的で、農業戸籍と都市戸籍という戸籍上の区別がなされ、それによって行政サービス上の差別も行われている（阿南 2017: 46）。

中国の軍である人民解放軍は、抗日戦争や国民党との革命戦争を戦い、その後の国家建設においても重要な役割を担った「中華人民共和国の功労者」である。人民解放軍は、現在200万人以上を擁する世界最大規模の軍であり、その巨大な軍によるクーデタに関してもしばしば関心がもたれる。しかし、同軍は他の社会主義国家と同様に「党が鉄砲を指揮する」党の軍であり、現在に至るまでそれが維持されている。

軍の統帥権は党中央軍事委員会と、1982年からは国家中央軍事委員会による党と国家の二元化となっている。軍内には、政治将校や政治機関、および政治工作機関が設置され、それらにより軍内の思想統制が行われている。他方で、軍には経済活動が容認され、後述のように、それが汚職の温床ともなってきた。これは党による軍への「懐柔」の一環であったと理解できる。それゆえに、軍は常に中国共産党の守護者として、1989年に発生した学生を中心とした民主化運動である天安門事件でもその力を発揮してきた。

ただ、中国軍事専門家の八塚正晃によると、改革開放期に軍の専門集団化が進み、自律性が向上したという（八塚 2022: 122）。このような自律性の向上は、党から離れて軍が行動する可能性を増加させるものである。とはいえ、その後の軍もクーデタを起こすような様子は見えない。(3)

2　共産党による統治の変遷

以上のような一党支配が構築されてきた中国ではあるが、習近平体制の考察に入る前に、それまでの中国政治の変遷を概観してみたい。

建国の父・毛沢東はカリスマ的なリーダーであった。1956年から翌年にかけて一時的に百花斉放・百家争鳴を唱え、自由な言論を容認したが、それが体制批判へとつながったことから、徐々に社会に対する抑圧を強めていった。また、1958年から61年までの間に実施された、農民を食糧や鉄鋼生産に動員する「大躍進政策」では、大規模な餓死者を出し、国内統治に苦心していた。

これを乗り切るため、毛沢東は人々に「毛沢東思想」の学習を強制して個人崇拝を高めるとともに、1966年から76年にかけて「文化大革命」を断行し、国内反対派の粛清と体制の正統化を進めた。文化大革命とは、端的に言えば、毛沢東の思想を絶対視し、それを支持する学生組織の紅衛兵が中国全土で資本家層を迫害するとともに、党内でも毛沢東の妻である江青(こうせい)を含む「四人組」に呼応した者たちが、毛沢東に反対すると見なした者を放逐した出来事である。これにより、社会は疲弊し、のちの政権の政策に影響を与えていくこととなった。

華国鋒（かこくほう）を挟んでその後の中国の最高指導者の座に就いた鄧小平（とうしょうへい）であったが、毛沢東時代の終焉に伴い、社会では「北京の春」と呼ばれる自由化への機運が高まっていた。そのため、彼は1978年から改革開放を行い、市場経済や一定の自由競争が認められる農家生産請負制、国有企業の請負制などを導入した[(4)]。これにより人々は徐々に経済的な利益を追求できるようになった。

さらに、鄧小平は直接選挙を拡大し、一定の競争性が担保される差額選挙を導入するとともに、試験の点数によって合格を判断する大学入試を復活させた[(5)]。改革開放によって、思想中心である「紅」と、専門性中心である「専」のうち、これまで「紅」が優先されてきた党や軍などの人事においても「専」が優先されるようになった（益尾 2019: 141, 153）。さらに、鄧小平が総書記に登用した胡耀邦（こようほう）は終身制であった党や軍の役職に定年制を導入した（阿南 2017: 143）。鄧小平時代に推進された一連の政策は、部分的ではあるが、イデオロギー政治からの脱却の兆しのように思われた。

また、鄧小平は、毛沢東時代の軍が人民戦争戦略に基づいており、近代化が遅れていたことから、そのための改革を行った。具体的には、軍のスリム化や治安維持任務の分担などである

（茅原 2018: 98-102）。さらに、鄧小平は「国防建設は経済建設の大局に従う」とし、国防費削減にも手をつけた。このような政策は軍からの反発を受けるが、鄧小平は軍独自の企業の設立を認めることによって軍への「懐柔」を図った。以降、軍は大規模なビジネスを展開していく（阿南 2017: 176-177）。[(6)] これにより、軍の腐敗が問題視されるようになるのである。

市場経済の導入は国内格差の増大という痛みを伴い、1989年には民主化に理解を示した胡耀邦の逝去を悼む集会が民主化運動にまで発展する天安門事件が発生した。[(7)] 共産党政権はこれを力で鎮圧し、欧米諸国から批判を浴びることとなったが、米国を中心とする各国は拡大する中国経済の魅力を無視することができなかった。真っ先に中国に対する制裁解除を進めたのは日本だった。冷戦後の米国は中国に対して「関与政策」をとり、中国が国際社会の一員として秩序を支えていく存在として生まれ変わることを期待して数々の支援を行った（佐橋 2021）。これを受け中国は、2000年代から劇的な経済成長を果たしていくこととなった。例えば、2001年に実現したWTO（世界貿易機関）加盟により、中国は「世界の工場」としての地位を確立していった。

鄧小平の後を受けた江沢民（こうたくみん）は、市場経済の導入によって、中国社会が企業、学校などを基礎とした単位社会から個人社会へと変化したこと、改革開放による国際社会との接触などを踏まえ、天安門事件を未然に防げなかったことから、教育やマスメディアを動員した愛国主義を強化した（王 2020: 130-131）。

他方で江沢民は、国営企業と外資系企業との「合弁」や「合作」を奨励し、その企業内に党委員会を設けることで技術力を獲得しながら、外国からの影響力に干渉するという政策をとったり、大学生に職業選択の自由を認め、大学に投資してキャンパス環境を改善するとともに外国に手厳しい御用学者を量産したりした。その一方で、90年代には外国から入る共産党支配に不都合なコンテンツに対する検閲が強化された（阿南 2017: 218, 236-238）。内側を強化するとともに、外部からの影響を極力小さくしようとすることによって国民のナショナリズムを喚起し、体制を安定化させようとしたのである。

その上で、江沢民は、共産党の方針を労働者階級のみならず、国民、民族の代表であるとする「三つの代表」論を提起した。続く胡錦濤（こきんとう）政権は、「科学的発展観」や「和諧社会（調和ある社会）」を掲げて、経済格差の是正や社会保障制度の整備を進めようとした。

また、江沢民、胡錦濤政権では、国防費の毎年前年比10%増が続いた。これは、対米関係をはじめとする安全保障環境の変化もさることながら、天安門事件において軍の存在感が増したことに対し、軍に懐柔するための独裁者の選択であったと言えよう。さらに、この軍拡路線は軍需産業を支配する共産党幹部に対する「懐柔」ともなった（同上：327）。

鄧小平時代から進められた改革開放や国際社会への参画によって、経済成長の果実を享受した社会では、天安門事件以降、労働争議や「群体性事件」と呼ばれるデモや抗議行動が増加した。しかし、これらは特定の政策課題を解決することを目指すものであり、大規模な「反体制」運動にはつながっておらず、地方を「悪」として、それに介入する中央を「善」とする傾向にあるため、短期的にはむしろ体制の安定性に寄与している（角崎 2013）。また、こうした抗議行動は政府が国民のニーズを知る機能をも果たしている（Dickson 2021）。

3　個人化の進展——習近平の1期目

経済成長は人々の間に格差をもたらした。また、経済成長の裏で共産党のエリートと特定の企業が結びついて利益を得る構造も生み出された。

これにより、大衆とエリートの間での亀裂が生じた。昨今の中国では、経済成長とデジタル技術の発展に伴い、これまでは中国共産党に取り込まれていたがゆえに主要な政治的アクターとは見なされていなかった社会（すなわち「市民」）が、党から「滲み出た」とされる（菱田・鈴木 2016: 70）。２００８年には劉暁波（りゅうぎょうは）がインターネット上に「〇八憲章」を掲載して民主化を求めて身柄を拘束されるという事件もあった。着実な経済成長を経ながらも国内には民主化を求める声や体制を疑問視する意見も表出していた。

このような状況下、２０１２年に中央委員会総書記、翌２０１３年に国家主席に選出された習近平は、就任後即座に「蠅も虎も」を掲げた反汚職キャンペーンを実施した。元来、中国ではクライアンテリズムがはびこっていた。党幹部やその家族は職権を濫用して利権を貪っていたのである（金野 2022: 73）。習近平は、汚職問題への対処において中国経済の拡大に伴って誕生した特権階級と大衆との間に生じた軋轢を解消することを建前としつつ、同時に反対派を放逐し、周辺を側近で固め、自身に権力を集中させた（Shirk 2018）。このとき、習近平のライバルと目されていた薄熙来（はくきらい）も無期懲役の刑に処され失脚した。幹部に対する粛清はこれまでにも存在したが、習近平によるそれは常態化・持続化していく（呉 2023: 437-438）。

また、政治局常務委員会を9人から7人に減員した上で、同委員会による集団領導制に手をつけ、習近平はこれまで分業制が敷かれてきた様々な政策部門である中央領導小組、または委員会（財経、外事、国家安全、中央対台工作など）の多くの組長や主席ポストを兼任した（山口 2018）。史上最多の権力ポストへの就任であった（茅原 2018: 169）。さらに、将来の幹部候補が所属する中国共産主義青年団にまでも統制を強めた（Fewsmith 2021: 153）。

軍内にもクライアンテリズムに基づいた人事や、経済活動に伴う汚職が蔓延していたことから、習近平は、それらに手を染めた軍幹部を放逐し、陸海空軍の一体運用のための統合作戦指揮機構の新設をはじめとする様々な組織や指揮系統の刷新を図った（小嶋 2022a: 113）。(8) これまで絶大な権限を保有していた総参謀部、総政治部、総後勤部、総装備部のいわゆる四総部を解体し、15に分散された司令機構を中央軍事委員会が直轄することとしたのである。これにより、軍事における同委員会と主席の影響力が増大した（山口 2020a: 40）。もちろん、中央軍事委員会主席は習近平である。

２０１３年には「中国の国家安全が直面する新たな情勢に適応するよう、集中的、統一的、効率的、権威的な国家安全体制を築き、国家安全の取組に対する指導を強化する」ことを目的とした中央国家安全委員会が設立され、習近平がその主席となった（茅原 2018: 165-166）。軍に対する習近平個人の影響力も強化されたのである。

さらに、同年には、「七不講（七つの禁句）」を掲げて、大学やメディアなどにおいて「普遍的価値、報道の自由、市民社会、市民の権利、党の歴史的な誤り、特権資産階級、司法の独立」を語ることを禁じた（阿南 2017: 37）。この背景には、「アラブの春」が中国に波及することへの懸念もあった。２０１１年2月にはアラブの春の発端となったチュニジアのジャスミン革命に影響を受けた中国ジャスミン革命がインターネット上で企図されるなど、中国政府は市民による民主化運動の拡大に懸念を抱いていたのである。

中国では外国によって平和裏に行われる体制転換を「和平演変」と呼ぶが、共産党はこのような民主化運動を西側諸国の影響を受けていると主張し、内外から民主化勢力が登場することを警戒した。習近平は「九号文件」と呼ばれる機密文書を幹部向けに発行し、西側諸国が共産党の統治を弱めようとしていると語ったという（Fewsmith 2021: 146-147）。周辺諸国における民主化運動の広がりは習近平にとって現実的に憂うべきリスクであった。

さらに、２０１３年の天安門車両突入事件、翌２０１４年の昆明駅無差別殺傷事件を受けて、ウイグル分離主義者によるテロも生じていた。習近平はこれに対処するために、２０１４年には「厳打高圧」と呼ばれる暴力的テロ取り締まりキャンペーンを実施したが、これはウイグル族を漢民族文化に同化させるためのものでもあった。新疆（しんきょう）ウイグル自治区には政府職員等が家庭に住み込む「親戚制度」がとられ、家庭内にまで監視の目が及ぶようになった（倉田・熊倉 2022: 134-135）。同地区には職業技能教育訓練センターと称して収容所が作られ、中国語教育のみならず、集団洗脳や拷問が行われているという。また、同地区の出生率は60％も低下したとされ、強制的な不妊手術や人工妊娠中絶が行われているとされる（ラックマン 2022: 107）。この動きは、中国のナショナリズムに呼応し、「抑圧」と「正統性」を高め、体制の安定化を図るためであろう。

同様に、１９９７年に英国から返還され、一国二制度がとられている香港でも、２０１２年には共産党による愛国教育となる「国民教育科」が必修化されることに反発した反国民教育運動、２０１４年には香港行政長官選挙に対して、候補者を2～3名としていずれも指名委員会の支持を義務づけ、長官は愛国者に限るとの全人代の決定に対して人々が反発した雨傘運動が発生し、抗議デモが強制排除されるという事件があった。習近平は新疆ウイグル自治区や香港といった地域が体制崩壊の足掛かりとなることを恐れていた。

習近平は２０１４年に反スパイ法を、翌２０１５年には、人民、政治、経済、軍事、文化、社会、そして国際の安全という「曖昧」な概念で構成された安全面での基本法となる国家安全法を成立させた。さらに、翌２０１６年には反テロ法、および海外ＮＧＯ国内活動管理法、２０１７年にはサイバーセキュリティ法[9]が施行され、体制に反対する者の抑制に努めている。中国現代史専門家の金野純によれば、これらの法の恣意的な運用と抑圧が市民を委縮させ、自己規制を促しているという（金野 2022: 74）。さらに２０１５年には「全民国家安全教育日」を制定し、国民全体に国家の安全に対する意識を涵養しようとしている（川島 2023: 229）。

加えて、習近平は政権発足以降、住民管理や住民サービス機能の受け皿として「社区」を整備し、集団紛争を末端で解決しようとした（小嶋 2022b: 39）。習近平は社会の末端にまで監視による「抑圧」、および「懐柔」の仕組みを作り上げようとしたのであった。

２０１６年に開催された中国共産党第18期中央委員会第６回全体会議において、習近平は胡錦濤時代に廃止された「核心」の呼称を復活させ、毛沢東、鄧小平、江沢民と同格の権威を獲得した（鈴木 2022: 88）。

4　権力の固定化——習近平の2期目から3期目へ

2017年に開催された第19回共産党大会を経て、習近平政権は2期目に入った。そこで習近平は、毛沢東以来、初めて党規約に自身の名前を冠する思想を明記した。[10] これは、のちに憲法にも記載されることとなった。

また、党中央および地方の重要ポストが習近平の腹心で固められた（小嶋 2020: 197）。習近平は指導部および中央軍事委員会の人事において面接方式を導入し、そこで習近平への忠誠を選考基準とした（山口 2020b）。これをもって、習近平は党と軍における上層部の人事権を掌握したと見てよいだろう。さらに、中央軍事委員会委員を11人から7人に減員するとともに、軍に対する中央軍事委員会主席責任制の強化も決定された（杉浦 2022）。党による軍の統制を強めることで、習近平は自身に対する軍の忠誠を高めたのである（Saunders and Wuthnow 2019）。

2018年、習近平はこれまで連続2期までとされてきた国家主席の任期を撤廃する憲法改正を行った。江沢民および胡錦濤政権時代には守られた2期10年で最高指導者が交代する制度は、共産「党」による統治の安定性を示してきたとも言えたが、習近平はこれを事実上撤廃したのである。個人支配の完成に近づいたとも言える決定であった。

同年には国務院と中央軍事委員会の二重領導体制の下にあった国内治安維持を担う武装警察

部隊の中央軍事委員会による領導への一本化が決定された（小嶋 2022a: 113）。また、軍の統合作戦を担う統合作戦指揮センターが設立され、総指揮のポストには習近平が就任した。習近平は軍に対する影響力を高めながら、国内からの反体制運動、国外からの脅威に対抗しようとしたのであった。

しかし、香港でくすぶっていた民主化運動が再び動き出した。2019年、中国本土やマカオ、台湾からの要請に基づいて容疑者の身柄引き渡しを可能とする逃亡法条例改正をめぐる大規模なデモが発生したのである。これに対し、共産党は2020年に香港特別行政区国家安全維持法を施行させ、それに基づいて2021年に香港の民主派を同法違反で逮捕したり、民主派系の日刊紙を廃刊に追い込んだりした（金野 2022: 74）。英米からの影響も強く、民主化運動のホットスポットともなる可能性がある香港に対して、習近平は「抑圧」をより強化したのである。

2019年には、上海にある復旦大学が大学憲章から「思想の自由」を削除するという出来事もあった。これは言論弾圧の広がりの結果であると考えられるが、デジタル化が進む中国では、同時に習近平の指導を学ぶためのアプリ「学習強国」を通じたプロパガンダによって「正統化」が強化されている。[11] このアプリを通じて、政権は学習時間や正解率を監視するという「抑圧」をも行っているのである（ラックマン 2022: 92, 101）。さらに、2021年には、児童や学生に対する「習近平思想」の訓育も強化され（鈴木 2022: 98）、現在では広く習近平「個人」に対する崇拝化が進められている。

加えて、グレートファイアウォールに代表されるデジタル技術を利用したインターネット検閲、世界最多とも言われる数が設置された監視カメラ技術などを用いた反対派への「抑圧」も強めている。[12] 他方、デジタル化は便利で安心・安全な社会を構築することによって得られる「懐柔」にも寄与している。[13] 例えば、社会信用システムは個人の様々な情報をデータベース化しており、高スコアであれば各種サービスにおける優遇が受けられる。さらに、企業側にとっても未然にリスクを排除することができるシステムである。これは一部の人々にとっては政府からの「懐柔」である一方で、問題行動を起こすとブラックリストに載ってしまうことから、「抑圧」としての機能をももつ。

さらに、習近平は2021年の共産党創設100周年記念式典において、人々がややゆとりある生活をできるようになる「小康社会」を実現したとして「懐柔」の成功をアピールすることも忘れなかった。

2022年10月には第20回共産党大会が実施され、習近平は3期目に突入した。これにより、習近平個人への権力集中は一層高まった。[14] 習近平が3期目も続けるかは未知数であったが、それでも3期目に突入した背景について、中国政治専門家の熊倉潤は、同年1月に発生したカザフスタンでの政変を見て習近平は退任できなくなったのではないかと推察する（小泉・熊倉 2023: 25)。カザフスタンの政変では、「国民の指導者」の称号を得て院政を敷いていたヌルスルタン・ナザルバエフ元大統領が国家安全保障会議の議長の任を解かれ、失脚した。これにより、習近平は退任後の末路を予測したのではないかというのである。習近平が望んでいたかどうかにかかわらず、クライアンテリズムを固定化させる任期の撤廃により中国の政治体制の個人化は確実に促進された。

3期目への突入によって、習近平体制は政治指導者の地位が終身制であった毛沢東体制に接近したと言える。現在のところ、後継者らしき人物も権力中枢に登用されていない。さらに、習近平以外の役職者の68歳定年制の不文律は概ね維持されている一方で（同上：26）、習近平政権で外交部長や国務委員を歴任した王毅（おうき）が定年を超えながらも中央政治局委員に昇進して中国共産党中央外事工作委員会弁公室主任に就任した。また、習近平に近いと見られる張又侠（ちょうゆうきょう）も定年を超えて中央政治局委員と中央軍事委員会副主席に留任した。このことは、習近平が後継者問題への予防線を張りながらも、クライアンテリズムに基づく統治を進めていることを意味する。[15]

このような習近平への権力集中、いわゆる個人化は、側近らが現状を打破するためにそれを求めていた面もある。これは十分な指導力を発揮できなかった胡錦濤時代の行き過ぎた集団領導制、および指導部における権力闘争による党内秩序の乱れを是正する必要性がエリートの間で共有されていたからであった（鈴木 2022: 89; 高橋伸夫 2021: 328）。

以上のような経緯で個人化が進んできた中国の政治体制であるが、中国政治専門家の林載桓は、昨今の習近平への権力集中を集団領導制の枠内における個人支配と集団支配のサイクルのひとつとして捉えている（林 2018）。習近平の「個人化」は中国共産党の硬直性を打破するために一時的に行われているというのである。

実際、習近平が毛沢東のような強権的な独裁者になるという主張に対し、懐疑的な論者も多い。たしかに習近平は毛沢東が妻の江青を中央政治局委員にしたように、側近集団にネポティズムを利用するという段階までには至っていない。いまだ中国共産党内では、各組織が異なる動機に基づいて意思決定を行い、それによって最終的な政策が形成されているという考えも根強い（Cabestan 2021）。

他方、比較政治学者のエリカ・フランツらは、現状の中国では、一党支配型の権威主義が維持されながらも、習近平の「個人化」、いわば個人支配型の権威主義体制への接近が進んでいると主張する（Frantz, Kendall-Taylor and Wright 2018）。これらの点に筆者も同意する。**終章**にて再度まとめるが、中国では個人化の判定基準の中で欠けている項目が見られるからである。中国では共産党という強力な政権党が存在することから、習近平は私党や運動を創設できてはいない。さらに、新たな準軍事組織や親衛隊の創設も行われていないのである。厳格な制度に基づく一党支配が行われてきた中国において、これは、制度の無効化が行えていないことを意味する。裏を返せば、中国共産党はいまだ強力な支配政党であるということでもある。しかし、程度の問題はあれ、習近平の「個人化」が進んでいることは疑いのない事実である。

第2節　中国の対外政策

1　成長を続ける中国と外交

建国当時から冷戦に組み込まれていた中国にとって、当初の主たるパートナーは同陣営の盟主・ソ連であった。中国共産党政権はソ連から支援を受けるとともに、安全保障においても1950年に中ソ友好同盟相互援助条約を結んでいた。

同時期に勃発した朝鮮戦争への参戦は、台湾問題を抱える中国にとって自国の安全保障に資するものであった（平岩 2010: 13）。中国は朝鮮戦争と台湾問題を連繋させることにより、米国という共通の敵を認識し直し、「唇歯の関係」とも呼ばれる北朝鮮との関係を深めることができたからである（同上：34）。さらに、北朝鮮の存在は、中国が対米のみならず、対ソ関係においても社会主義陣営内で立場を確保するために重要であった（同上：120）。以後、冷戦時代を通じて中国は北朝鮮の後見人のような役割を担うこととなる。建国初期の中国は、冷戦の文脈の中で社会主義陣営の重要なアクターとして振る舞うことを求められたのであった。

一貫して台湾解放を掲げる中国は、1954年に台湾の占領下である金門島などに砲撃した（第一次台湾海峡危機）。これを受け、米国と台湾は米華相互防衛条約を締結（翌1955年に発効）して対抗した。

毛沢東は、米ソ間がICBM（大陸間弾道ミサイル）開発によって核戦争を回避しようとする姿勢を見せたことから、一時はソ連に対米強硬外交をするように求めたが、それを拒絶されたため、1958年に再び金門島を砲撃して、台湾から手を引くよう米国に迫った（阿南2017: 93-94）。戦闘が膠着する中、米国は事態の収束に向けてジョン・フォスター・ダレス国務長官を台湾に派遣した。台湾の蔣介石（しょうかいせき）総統とダレスが会談を重ねて発表された「蔣介石＝ダレス共同コミュニケ」では、米華相互防衛条約の範囲に含まれていない金門や馬祖について、米国政府が曖昧ながらもコミットメントすることが謳われた。このコミュニケ発表後、第二次台湾海峡危機は一気に収束していった（五十嵐2021: 第2章）。

当時の最高指導者であった毛沢東は、朝鮮、台湾、ベトナムへの米国の介入から「戦争不可避論」を掲げ、米国の脅威を強く主張していた（茅原 2018: 54）。その一方で、１９５５年に開催されたバンドン会議には周恩来首相を参加させるなど、いわゆる第三世界との連帯を深めながら国際社会での生き残りを模索していた。

１９５６年にソ連でフルシチョフによるスターリン批判が行われて以後、党の路線やイデオロギーをめぐる中ソ間の矛盾が次第に表面化していった。ソ連は１９５９年に核に関する技術供与を含む中ソ国防新技術協定を破棄し、さらに１９６２年には中印国境紛争においてソ連がインド側に立ったことから、中ソ対立は悪化の一途をたどった。これに対し、中国は自力で米国、そしてソ連に対抗することを目指して１９６４年には初の核実験を行った。以後、１９６９年には中国軍とソ連の国境警備隊が衝突するダマンスキー島事件なども生じ、中ソ関係は冬の時代が続くこととなった（益尾ほか 2017）。

こうした時代に生じた重大な転換点が１９７１年のヘンリー・キッシンジャー米大統領補佐官、翌１９７２年のリチャード・ニクソン米大統領の訪中による、いわゆる「米中接近」であった。これはソ連との関係が悪化した中国の毛沢東が体制を維持するための選択でもあった[16]。米中関係の正常化は、中国が西側諸国と協調しながら経済交流を進めることに寄与した。

さらに、同時期に中国（中華人民共和国）は中華民国と入れ替わるかたちで国連に加盟し、安保理の常任理事国として国際社会で存在感を発揮していくことが可能となった。この時期から中国は日本や米国をはじめとする多くの国との国交正常化を果たすようになる。

しかし、米中関係の改善は必ずしも台湾問題が中国の思いどおりに進むことを意味しなかった。1979年1月に米国が中国と国交を樹立し、中華民国（台湾）と断交して米華相互防衛条約の終了が決まると、米国議会は台湾防衛のための軍事行動の可能性を示唆する台湾関係法を成立させ、米国は「戦略的曖昧性」に基づいて中台関係と向き合っていくこととなったからである。

冷戦が終結すると、中国は近年にまで続く外交戦略を採用するようになった。その方法とは、米国に対抗するのではなく、むしろ同国が主導するリベラルな国際秩序を利用しながら力をつけていく「韜光養晦（とうこうようかい）」であった。(17) 鄧小平時代に提起されたとされるこのスローガンは、振り返れば冷戦後の中国の対外政策の在り方を端的に表していた。

ただ、本章が注目する台湾との関係に目を向けると、中国はこの時期においても厳しい姿勢をとっていた。1996年には初の総統の直接民選選挙を迎える台湾に対して、コーネル大学への訪問を名目として渡米した李登輝（りとうき）の再選を阻止しようと台湾沿岸にミサイル発射や軍事演習を行う第三次台湾海峡危機を発生させたからである。これは、愛国主義運動が高まった時期と重なり合う。すなわち、共産党政権は対外危機と国内における不安定性をナショナリズムという「正統性」に訴えることによって乗り越えようとしたのである（阿南 2017）。この傾向は、現代にまで続いていく。

一方、中国は米国の関与政策をはじめとする国際社会からの後押しもあり、２００１年にはＷＴＯへの加盟を果たし、急激に経済力を拡大していった。これにより、中国は徐々に自信を深めていくこととなり、それは対外政策の変化につながった。

例えば、２００１年の反テロを軸に、経済、文化的な協力を掲げるＳＣＯの設立や（川島 2020a: 125）[18]、２００２年のＡＳＥＡＮ（東南アジア諸国連合）との間での南シナ海行動宣言、翌２００３年のＡＳＥＡＮとの間での平和と繁栄のための戦略的パートナーシップの締結、さらには北朝鮮の核問題を解決するために立ち上げられた六者協議における主導的役割を担おうとするなどの姿勢に表れた。

他方、このような中国の姿勢に対し、西側諸国では中国脅威論も徐々に高まっていった。例えば、ＳＣＯはリベラルな国際秩序を壊す地域秩序形成の一環として見られることもあることに加え、２００４年頃から世界中で設立され始めた孔子学院は、影響力工作などを意味する、いわゆるシャープパワーを駆使して、ターゲット国の内側から自国に有利な状況を作り出そうとしているとされる。さらに、中国は２００７年には南シナ海での他国船に対する妨害行動をするなど、周辺地域に対して強硬な行動を継続した。

２００８年に発生した世界金融危機において、米国をはじめとする欧米諸国が軒並み困窮する中、中国は4兆元の大規模な景気対策を行い、いち早く危機を脱して、世界経済を支えたことにより（内藤 2020）、世界の大国としてこれまで以上に注目を集めるようになった。

２００８年に北京夏季オリンピック、２０１０年に上海万博を開催した中国は、２０１０年代に入ると、米国に対して「新型大国関係」を提起し、「衝突せず、対抗せず、相互尊重、ウィンウィンな関係を守る」ことを主張した。この中において、相互尊重の対象となったのは、いわゆる「核心的利益」であり、そこには中国の政治体制や台湾、チベット、香港、ウイグル自治区が含まれ、かつ東・南シナ海に関する主権も念頭にあると思われた。中国はこれらの場所や問題に米国が手出ししないことを求めるようになったのである。現状変更に対するあからさまな意欲を見せる中国の提案に対して、米国はそれを聞き入れず（山口 2022: 149）、これまでの対中政策、いわゆる関与政策が失敗であったと認識を改めていくこととなった。

2　習近平体制下の対外政策

中国の成長とそれに対する米国の不信感が高まる時代に権力の座に就いたのが習近平であった。また、前節で確認したとおり、国内では格差問題に伴う市民の不満が溜まっていた。

そこで、国家主席となった習近平は、国内正統性を獲得するため、一連の国際的地位の向上を共産党統治の成功によるものだと喧伝し始めた（同上：150）。経済成長を果たした中国社会では、人々の間には大国意識が表出し始めており、政治指導者にはそれへの対応が求められるようになっていた（菱田・鈴木 2016）。

これを受けてか、習近平は2013年に「一帯一路」構想を提起した。「一帯一路」構想とは、陸のシルクロードの「シルクロードベルト構想」と海のシルクロードの「21世紀海上シルクロード構想」から成る広域経済圏構想である。[19] 中国は、この構想を進めるために、AIIB（アジアインフラ投資銀行）を設立して、北京コンセンサスとも呼ばれるリベラルな国際秩序を書き換えるような戦略を進め始めた。[20] ただし、この構想は、内政の視点からは短期景気刺激策や、国内過剰生産能力のはけ口などとしても見られている（伊藤 2020; ミラー 2018）。いわば、「一帯一路」は内政に対する「正統化」のみならず、「懐柔」としての政策である側面も否定できないのである。

さらに、中国は東・南シナ海における領土的野心を露わにし、2013年には東シナ海における防空識別圏の設置を発表し、翌2014年には南沙諸島海域に人工島を建設していることが発覚した。以降、中国は南シナ海で爆撃機の離着陸訓練を実施するなど、大胆な行動をとり続けている。これらの行動の根拠として、中国はいわゆる「九段線」を主張しており、2016年に国際常設仲裁裁判所から「法的根拠なし」と裁定された後でも、外交部は本仲裁判断を「紙屑」と述べて意に介していない。このような南シナ海における動向に対し、米国は「航行の自由作戦」と銘打って、同地域への警戒を強めている。

さらに、中国は2010年代に入ってから台湾周辺でも軍事活動を拡大させており、台湾併合を含むこれらの歴史問題の解消を目指す行動は、人々のナショナリズムに訴えかけるものであった。中国外交部の外交官や報道官が強硬な言動を示しながら他国を批判したり、揶揄したりするいわゆる「戦狼外交」もその一部であると考えられる。このような対外政策は、国民からの求心力を高めるのと同時に党内抗争を有利に展開する上でも重要であった[21]。すなわち、現代の中国の強硬な対外政策も、経済成長によって社会が発言力を増した時代に直面した習近平の権力維持の一環として捉えることができる。

新疆ウイグル自治区や香港における人権問題は欧米諸国において批判の的になっているが、中国は欧米中心の国際秩序に対して不満を抱いており、その姿勢を正そうとはしていない。むしろ、2014年にアジアのことはアジアで解決するとする「アジア新安全保障観」を提唱し、米国との対決姿勢を明確に打ち出している。中国政治専門家の川島真によれば、2016年前後から中国は米国を中心とする世界秩序に疑問を呈し始めたが、強硬な対外行動は2000年代末から継続的に生じてきた現象であるという（川島 2020b: 4; Kawashima 2020）。その帰結として、習近平は2017年には建国100周年を迎える今世紀半ば頃までに「中華民族の偉大なる復興」の実現を掲げた。無論、ここには台湾併合も含まれ、そのための武力行使の選択肢を放棄していない。

国際政治学者の佐橋亮によれば、２０１８年に習近平が政治改革とは逆行する国家主席任期の撤廃を決定したことが、米国の専門家サークルでの中国に対する否定的な見方を決定づけたという（佐橋 2021: 184-185）。その後、同年にはマイク・ペンス米副大統領が「一帯一路」構想を含む中国の野心的な対外行動を批判し、事実上の「新冷戦」を宣言した（青山 2020: 154）。[22]

２０２２年８月のナンシー・ペロシ米下院議長の訪台に対しては、中国は特別軍事演習として台湾周辺を封鎖して反発した。一方で、習近平は、台湾の人々の生活を保障すると訴えかけ、平和的な統一を模索すると同時に、台湾にハイブリッド戦を仕掛けることで、台湾内部の認知を変化させようと試みている（福田 2022）。ただ、昨今の台湾では、中国との統一を目指す中国アイデンティティは薄まり、むしろ「一つの中国」を前提としない台湾アイデンティティが表出し始めており、[23] その道のりは遠い。

国内において権力集中を進めた習近平であったが、外交に関しても、２０１８年に「集中的統一的領導」の重要性を強調し、自身の権限の大きさをアピールしている（益尾 2019: 274）。

新型コロナウイルスの影響を受けて、中国に対するイメージは国際的に悪化したが、それを逆手に取るように中国はマスク外交やワクチン外交を展開し、一部の国からは支持を得ている。

以上のように、習近平政権に入ってから、中国の対外政策が野心的になったことは事実である。内政から眺めれば、それらは人々の大国意識に応えるため、すなわち、習近平の体制維持のための選択として説明が可能であろう。

ただし、前節の議論に基づけば、これらが習近平の正統性を高めて個人化を促進させる要因であっても、個人化したことによって実行されたかどうかはわからない。習近平の個人化の度合いは他の個人支配と比べて高くはないからである。むしろ停滞する社会経済状況から目線を外させるために大胆な対外政策をとっているとも言える。

共産党の権力が大きい中国は、様々な政策目標を厳格に組織管理している。しかし、このことは逆に言えば、今世紀半ば頃までには高い確率で「中華民族の偉大なる復興」である祖国の完全なる統一が目指されることを意味する。つまり、習近平から新たなリーダーへと権力継承がなされたとしても、共産党による統治が続く限り、中国の夢の実現は至上命題であり続けるのである。

第3節　習近平体制のゆくえ

ここまで、習近平体制における個人化の過程と中国の対外政策について見てきた。習近平体制では明らかに個人化の進展が見られるが、その度合いはロシアと比べて高くないことがわかった。習近平体制の不安定化についてはあまり聞かれない。最近では、ゼロコロナ政策をめぐって市民が声を上げる「白紙運動」も展開されたが、それも反体制運動というよりは特定の政策を転換させることを目指す抗議行動であった。では、習近平体制が揺らぐ可能性はどれくらいあるのだろうか。

中国政治専門家の鈴木隆は、ロシアと中国を比較して、①大統領選挙があるロシアと比べて、中国では指導者の威厳と畏怖の演出が重視されやすく、②高齢指導者の壮健さの証明は健康不安の払拭よりも、個人崇拝の否定的な記憶と強く結びつくという（鈴木 2023: 253-254）。とすれば、いまだに後継者不在と見られる習近平の高齢化は大きな体制の危機につながりうるだろう。

熊倉潤は、中国では国民に「賢人統治」を望む意識が高いことを指摘しながらも、農村での反乱が体制の危機につながるという。実際に「白紙運動」も都市部に集中していた（小泉・熊倉 2023: 26-29）。地方における共産党への信頼は高くないとされ、そういった人々を取り込むために同党は地方の様々な市民団体を利用している（Mattingly 2020）。また、中国では地方エリートの汚職がインターネット上で人々の手によって暴露されているが、体制側は意図的にそれを容認している（Navarria 2019）。これは、地方政府の正統性を下げて共産党による統治の正統性を高めるためであると言えるかもしれない。(24)

中国政治専門家の小嶋華津子によれば、国民の新疆ウイグルや香港に対する関心は低く、その多くは西側諸国による「和平演変」やテロから国家を守り、より豊かな国を実現するためには安定と団結が必要であり、一定程度の自由が制限されてもやむをえないと考えているという（小嶋 2022a: 111）。経済成長によって登場した中間層は、民主化によって社会秩序が乱れることを懸念するだろうとの意見もある（Tang 2017）。また、川島真は、体制転覆や社会への浸透を推進する西洋諸国、いわゆる「外部の敵」の存在が、習近平という強いリーダーが必要だという論理を支えているという（川島 2023: 226）。国民からの一定の支持があるからこそ習近平の個人化が許容されているのである。

鄧小平は、先に豊かになれる人から豊かになり、中国経済全体の拡大を目指す「先富論」を掲げ、経済成長することによって国民からの正統性を獲得してきたが、急速な経済成長は格差の拡大をもたらした。これに対し、習近平は２０２１年に「共同富裕」を掲げ、２０５０年までに段階的に格差を縮小することを宣言した。

しかし、高度成長期を終えて「新常態」に入った中国では、一人っ子政策の影響もあって少子高齢化が進み、高齢者の扶養が増加しており、経済成長がそれをカバーしきれない状況が続いている（片山 2022: 48）。さらに、米中貿易摩擦や世界金融危機、新型コロナウイルス感染拡大のダメージはじわじわと中国経済を痛めつけている。

このような状況により、市民レベルでの不満が拡大する可能性は否定できない。デジタル化が進む中国において、習近平は社会における言論への抑圧を強化し、サイバーセキュリティ・情報化領導小組を発足させるなどの対応をとっているが、デジタル時代における政権対民衆の構図は権威主義体制の統治手法を変化させる可能性がある。加えて、デジタル化の進展はそれに対応するために軍の専門性を一層高めるため（八塚 2022: 126）、習近平「個人」が軍を統制できるかは未知数である。90年代以降に生まれた若者世代はナショナリズムに対する意識が他の世代と比べて低いとされるため（Dickson 2021: ch.7）、長期的にはナショナリズムに基づいた「正統化」は効きにくくなるとともに、デジタルとの接点が多いこれらの世代が外部の情報を得て反体制化する可能性もあろう。

少子高齢化や経済停滞などの結果として将来的に権威主義維持のための3要素である「抑圧」、「懐柔」、「正統化」のいずれもが低下する可能性はある。そのような体制の危機に陥ったとき、新たな「正統化」の切り札として「中国の夢」を実現するため、祖国の完全なる統一を武力によって断行する可能性はある。

もちろん、一党支配の傾向が残る現状では、中国による台湾侵攻の可能性は国際要因にも強く依存する。[25] しかし、習近平への権力集中が深まれば深まるほど、一層中国の対外行動は「合理的」に読み解けなくなる。[26] さらには、習近平の高齢化や後継者問題が体制の危機を惹起し、それによって危険な対外行動をとる可能性も高まる。すでに過去と比べて中国の対外行動を予測することが困難になっていることは疑いのない事実である。

ただし、仮に体制の危機が生じたとしても、「個人化」の度合いが低い中国においては、共産党はその責任を習近平に転嫁し、再び党による独裁を開始する可能性がある。その場合、繰り返しになるが、新たな独裁者によって「中華民族の偉大なる復興」を目指す旅は続いていくこととなる。

とはいえ、毛沢東路線からの転換が見られた鄧小平時代のように、新たなリーダーが方針を転換する可能性は否定できない。中国現代史専門家の高橋伸夫は、社会主義を掲げてきた中国共産党が米国と手を結び、改革開放を断行してきた事実からその変幻自在さに注目する（高橋伸夫 2021: 346）。そのような方針転換があるかどうかは注視を要するだろう。しかしながら、建国以来の目標である祖国の完全なる統一を取り下げられるかはかなり怪しい。方針転換があったとしても、それは台湾問題の先送りに留まると考えたほうがよいかもしれない。

では、中国の台湾侵攻の可能性を我々はどう読めばいいのだろうか。

政治体制として一党支配が続く場合、党内の合議が優先されるため、中国の台湾侵攻の可能性については、従来の中国政治研究が紡いできた緻密な現状分析や、国際政治学のアプローチによってその予兆をつかんでいくしかないだろう。逆に、個人化が進んでも、独裁者の意思決定はクライアンテリズムに拘束されるがゆえに独裁者とその取り巻きの動向への分析が求められる。いずれにせよ、読みにくい中国の内政と外交に対して、中国研究者の成果に対する依存度は一層増していくこととなることは疑いない。

習近平は２０３５年までに軍隊を近代化し、今世紀半ばまでに世界一流の軍隊建設を掲げている。一党支配が続いた場合は、人民解放軍の近代化とその後の軍事力整備の過程がその日を決定することになるであろう。もちろんこれは、中国がロシアのウクライナ侵攻から学習した様々な教訓を踏まえた上で実行に移されるだろう。実際、中国・台湾軍事専門家の五十嵐隆幸は、ウクライナの抗戦を見た中国は「戦わずして勝つ」ことを追求するだろうと指摘する（五十嵐 2022: 17）。これは、ハイブリッド戦の強化の過程とも通底する。

他方、中国軍事専門家の茅原郁生が述べるように、習近平に権力が集中した中央軍事委員会が、細分化された多数の指令機構を運用できるのかという点は疑問視されている（茅原 2018）。言い換えれば、個人化を進めれば進めるほど、軍は戦場で「弱く」なるのである。また、同じく中国軍事専門家の村井友秀も、最新兵器の導入は、党の軍を変質させ、共産党政権を維持するための強制力を失うリスクを指摘する（村井 2021: 216-217）。実際、国防予算の拡大を見せる中国であるが、最近では国防費よりも治安維持部門への支出が大幅に増えている（杉浦 2020: 43）。このことは、習近平が国内に対する「抑圧」を高め、体制維持を図っていることを意味する。国内からの脅威が高まり、それへの対処を優先すれば、その分、国外からの脅威対処や軍事侵攻を行う際に軍事力に割けるリソースが低下する。また、少子化や経済の停滞により、中国は長期にわたる戦争を戦えないとの指摘もある（村井 2021: 290-291）。この点は本書の射程外であるが、中国を取り巻く安全保障を検討する上で重要な視点であろう。

さらに、中国の軍拡は内政の問題に起因しているという点にも留意が必要である。中国政治専門家の阿南友亮が論じたように、中国における軍備増強は、対外的な敵を求めることによって体制を維持しようとする共産党政権の慢性的疾患でもある。中国は内政における正統性と安定を確保するために、自ら国際的な「中国脅威論」を高めているのである（阿南 2017）。軍事費の拡大や野心的な対外発信が行われてきた背景には共産党政権の軍に対する「懐柔」と社会に対する「正統化」があったことは確認したとおりである。であるならば、今後も中国の対外的な動向を捉えるためには内政の変動を読み解く必要があることは言うまでもない。

注

（1）２０１９年1月2日の「台湾同胞に告げる書」発表40周年記念会での習近平による発言（習 2021: 449）。

（2）ただ、この集団領導制の在り方については、きちんと合議がとられているのか、各部署の長が強い権限をもって「タテ割り」な統治がなされているのかは議論が分かれている。一党支配といえども、

（3）中国の政策決定過程は人格的であり、恣意的であり、不透明性が高く（毛里 2021: 52）、そのため中国政治専門家はこれらについて丹念な研究を蓄積してきた。例えば、天児慧は中国の歴史・文化的背景を踏まえ、中国特有の「圏子」という人的ネットワークが中国政治を形成すると指摘している（天児 2015）。本書ではあえてそれらに細かく踏み込むことはしないが、いずれにせよ、中国における政策形成過程は独裁者個人の自由裁量というよりも、集団領導制に基づいた党内、さらには党と独裁者との関係において形作られてきたと考えられる。

（4）本書では詳細に論じることはしないが、先行研究において、中国の党内政治を読み解くためには人民解放軍との関係が重要であることが論じられている。詳細は、阿南（2017）など。また、権力闘争の一環としてクーデタ計画がなされてきたという「噂」がないわけではない（Raditio 2022）。

（5）国有企業とは、これまでの国営企業を政府が所有権だけをもつことを前提に90年代に改称されたものである。

（6）また、鄧小平は「民主化」という用語を用いたが、それは党内の民主化であり、社会に向けて議会制民主主義を導入することを意味していなかった。

（7）人民解放軍は伝統的に食糧の自給自足を行っていたが、この転換により軍が本格的にビジネスに進出していった。

（8）日本において天安門事件として知られる同事件は、第二次天安門事件（もしくは、六四天安門事件）とも呼ばれている。第一次天安門事件（四五天安門事件）は、1976年に民衆に人気があった周恩来首相の死を悼んで集まった民衆と警察隊が衝突した事件である。

（9）なお、江沢民が国家主席引退後も中央軍事委員会主席を続けたため、軍に対する権力が二重構造となっていた胡錦濤と比べて習近平の権力は当初から集中していた（松田 2021: 2）。その分、習近平は軍改革を断行しやすかったのかもしれない。

（9）2014年には「サイバーセキュリティ・情報化領導小組」が設立され、習近平がそのトップに就き、インターネットの統制を図っている。

（10）なお、政治指導者個人の名を関する鄧小平「理論」も党規約に盛り込まれている。ただし、「理論」は「思想」よりも格下の扱いとされている。

（11）他にも、200万人以上から成る五毛党と呼ばれる情報操作組織が共産党の正統性を高める活動をしているとされている（King, Pan and Roberts 2017）。

（12）2003年の時点で、中国政府はすでに人口の96%の情報を保持していたとされている（Fewsmith 2021: 176）。

（13）デジタル化と「個人化」の関係については、Frantz et al.（2021）。中国のデジタル化については、梶谷・高口（2019）など。

（14）党大会終了後、習近平は新政治局常務委員を伴って「革命の聖地」とされる延安を訪問し、旧毛沢東邸宅等を訪れた。ここには、毛沢東を利用することで自身の正統性を高めようとする意図があったと考えられる。

（15）多くの個人支配では、党や軍において恣意的な定年延長がなされる傾向にある。これはエリートに独裁者に対する忠誠を誓わせるとともに、忠誠心が高い者だけで周りを固め、自身の権力を安定化させる戦略であると考えられる。

（16）そのため、中国政治専門家の阿南友亮はこれを「毛ショック」と呼ぶ（阿南 2017: 95）。

（17）ただし、「韜光養晦」は中国外交部などの穏健派が軍を代表とする強硬派をけん制するために後づけで利用し始めたスローガンであるとする研究もある。詳細は、山﨑（2018）を参照。

（18）SCOは1996年に開催された中国、ロシア、カザフスタン、キルギスタン、タジキスタンの5か国での国境管理に関する会合である上海ファイブを下地にしている。

(19) 2018年に発表された中国の北極政策白書は北極海を通過する「氷上のシルクロード構想」に言及しており、「一帯一路」構想に新たな経路が追加された。

(20) 北京コンセンサスについては、ハルパー（2011）を参照。

(21) 中国・台湾政治専門家の松田康博はこのような視点を「陽動戦争仮説」と呼ぶ（松田 2017）。

(22) ペンス副大統領のスピーチはハドソン研究所のホームページから全文が閲覧可能である（Hudson Institute 2018）。

(23) 台湾のアイデンティティをめぐる対立については、小笠原（2019）など。

(24) これは反対派を反「政府」として押しとどめ、反「体制」化、すなわち体制に反対の矛先が向かわないようにする知恵であるとも言えよう（King, Pan and Roberts 2013）。

(25) それゆえに、現段階で仮に中国による台湾侵攻が実行に移された場合、それを「習近平の戦争」と言えるかは微妙である。

(26) 中国政治専門家の益尾知佐子は、2019年の著書の中で、中国の近隣国の文化や歴史を尊重しない傾向を踏まえながらも、習近平体制になってから、中国外交は予測しやすくなったと主張する。これは、胡錦濤政権期のほうが世論や部下の行動に流されて、それを収拾するために対外行動が急進化されたからであるという（益尾 2019）。たしかに、一党支配であってもその内実は複雑であり、単純に個人支配よりも合理的とは読み難い点もある。場合によっては個人支配のほうが、独裁者個人に焦点を当てればよいから、その分予測が立てやすいという点も頷ける。この点は、中国が一党支配と個人支配のハイブリッドな政治体制であることにも起因しよう。

第3章 北朝鮮

もしわれわれの核政策が変わるとすれば、世界が変わらねばならず、
朝鮮半島の政治軍事的環境が変わらなければならない――金正恩(1)

北朝鮮は世界最後の全体主義とも呼ばれることさえあるほど（李正民 2021: 2）、長期にわたって権威主義体制を維持している国のひとつである。さらに同国は、ここまで見てきたロシア・中国と違い、以前から個人支配が確立していた。

ソ連・ロシア政治史の専門家で北朝鮮政治についても多くの業績がある和田春樹は、北朝鮮の政治体制を唯一の指導者の下にすべての国民が遊撃隊員や正規軍のように振る舞う遊撃隊国家（金正日体制からは正規軍国家）と称し、北朝鮮政治専門家の鐸木（すずき）昌之は、首領の領導を代を継いで実現しようとする体制である首領制と規定する（和田 2012; 鐸木 2014）。これらを比較政治体制論に落とし込んだ同じく北朝鮮政治専門家の礒﨑敦仁も、２００６年の論考において

2018年10月，米国務長官とのワーキングランチに臨む金正恩（www.state.gov）

金正日体制からスルタン主義的傾向が強まっていると考察し、同体制を全体主義とスルタン支配との融合であると指摘する（礒崎 2006: 116）。実際、北朝鮮の個人化は初代のリーダーである金日成（キムイルソン）政権期から生じてきた（Song and Wright 2018）。[2]

北朝鮮の権威主義は、金日成の息子の金正日（キムジョンイル）、その息子である金正恩（キムジョンウン）と、三代にわたって続いている。君主制以外でここまで世襲が続く事例は珍しい。**序章**でも確認したように、権威主義の権力移行時には体制の危機が生じやすいからである。にもかかわらず、安定した統治を見せる北朝鮮の権威主義体制はどのように構築されてきたのだろうか。

北朝鮮の対外政策に目を向けると、同国は、核実験とミサイル発射を繰り返し、日本を含む周辺諸国にとって重大なリスクでもある。日本は北朝鮮を除くすべての国連加盟国と国交を樹立しており、このことは北朝鮮の動向が読みにくいひとつの要因でもあろうが、その閉鎖的な特性から、一般社会における北朝鮮に対する脅威認識は、ときに中国をしのぐことさえある。最近（2023年4月現在）では新たに核実験が行われる可能性も噂されており、その動向に対する関心は高い。

また、現在のリーダーである金正恩にはしばしば対外的に強硬な発言を行う傾向が見られ、(3) 第二次朝鮮戦争が勃発する可能性が言及されることもある。このような北朝鮮の動向を捉えることは、日本および東アジアの安全保障を検討する上でも重要であろう。

そこで、以下では北朝鮮の個人支配体制が成立する過程を捉え、その対外政策の動向について考察する。北朝鮮ではロシア・中国と比べて早い時期から個人化が進んだことから、各最高指導者の統治に沿って確認を進めたい。さらに、北朝鮮はその特異な政治体制から体制崩壊の可能性について議論がなされることも多いため、この点についても検討したい。

第1節　北朝鮮の政治体制

1　朝鮮労働党による一党支配の成立

1945年2月のヤルタ会談を経て、戦後の朝鮮半島を米英ソ中の4か国による信託統治とするという点が確認された。しかし、太平洋戦争終戦後、曖昧なままであった朝鮮半島構想は、米ソが北緯38度線を挟んで軍政を敷くという形式となった。米ソ協調が前提となるこの構想は、両国の対立の深刻化に伴い、朝鮮半島の分断を促すこととなった（小此木 2018）。

北緯38度線の北側を占領したソ連は、共産主義勢力の力を借りて同地域における統治を行おうとした。しかしその主軸を担うべき朝鮮共産党は、内紛によって１９２８年にコミンテルンから共産党資格を剥奪されていた。そのため、当時の朝鮮半島には共産党が存在しておらず、ソ連軍とともに進駐したソ連派、そして中国共産党とともに抗日運動を展開して、その後ソ連軍の指揮下に入ったパルチザン派を中心とした朝鮮共産党北部朝鮮分局が１９４５年に組織された（平岩 2013: 26-32）。このパルチザン派にのちのリーダーとなる金日成がいた。

１９４５年12月にモスクワで開催された米英ソ３国外相会談によって、朝鮮半島の５年間の信託統治が決定されると、翌１９４６年８月には北朝鮮労働党が結党され、金日成が副委員長に就任した。同年11月には南でも南朝鮮労働党が結党され、朝鮮半島の共産主義運動は北緯38度線以北に拠点を置く北朝鮮労働党が主導することとなった（同上：34-36）。

１９４７年には国連監視下で朝鮮半島における選挙を行うことが決定されたが、北朝鮮とソ連がそれに反発したため、選挙は南朝鮮のみで実施され、翌１９４８年８月に大韓民国が樹立された。これに反応した北朝鮮は９月に朝鮮民主主義人民共和国を樹立し、同地を拠点として韓国を解放するという「民主基地論」を掲げて南北統一を目指していくこととなる。この過程で1949年6月に南朝鮮労働党と合併し、金日成を中央委員会委員長とした朝鮮労働党が誕生した。

ソ連に引き上げられた金日成は、当初ソ連にとっては冴えない従順な人物に思われていたという（ファイフィールド 2020: 46）。このような権力への到達の過程はロシアのプーチンと類似する。

1950年6月25日、北朝鮮軍が韓国に侵攻した。これを金日成は、韓国の侵攻を食い止め、祖国統一と自由と民主主義のための正義の戦争であると主張した（平岩 2013: 41）。国連安保理は北朝鮮を「侵略者」に認定し、国連軍が結成された。このとき、ソ連は中国代表権問題をめぐって安保理を欠席していたため、拒否権を行使できなかった。国連軍の介入により、当初は北朝鮮優位だった戦況は韓国優位に傾き、韓国や米国で北朝鮮政権の打倒が叫ばれるようになった。しかし、ひとたび中国が人民志願軍というかたちで参戦すると国連軍は苦戦を強いられ、1950年12月には平壌を放棄した。中国の参戦によって北朝鮮軍は中国軍の指揮系統下に置かれることとなり（同上：42-47）、以後、北朝鮮に対する中国の影響力が増していった。長期化した戦争は1953年に休戦が決定したが、休戦協定の署名に李承晩（イスンマン）韓国大統領が反発したため、同協定は韓国抜きで結ばれた。

金日成は朝鮮戦争を通じて権力基盤を強固にした。彼は１９５０年6月に軍事委員長に就任し、戦時体制下のすべての権力を掌握し、戦間期の人事を通じて別派閥の中心人物を排除し、自派閥の人物に置き換えた（同上：51; Song and Wright 2018）。

しかし、党内では戦後も引き続き、中国共産党の指導下にあり、朝鮮労働党内でも小さくない影響力を保持した延安派、ソ連派が一定の権力を保持していた。これに対し、金日成は冷戦期における中ソイデオロギー論争を梃子としてマルクス・レーニン主義を発展させて独自色を強めた「主体思想」を提唱することによって、両派からの影響力を排除しようとした。さらに、パルチザン派と連携して抗日戦争を戦った甲山派も金日成の政策に反対したことから粛清の対象となった。その結果、党内ではパルチザン派が権力の中心を握るようになる（平岩 2013）。

党内での派閥闘争が落ち着きを見せる中、１９６７年には「唯一思想体系」の確立が強調され、革命のリーダーである首領が朝鮮労働党の上位に位置づけられ、朝鮮労働党は首領の革命思想を実現するための参謀部として、首領に従属することとなった（同上：87-88）。ここに、金日成による「首領制」が確立され、北朝鮮の個人化の起点が見られる。これを機に、金一族に対する個人崇拝が進んでいく（同上：90）。礒﨑敦仁によれば、制度面でも、ここに至るまでの金日成は現在の国家指導者と比べて地位が低く、北朝鮮労働党の発足時は同党の議席占有率は50％を下回り、さらには個人崇拝の度合いも弱かった。ゆえに、一党支配、個人支配ともにその度合いは低かったという（礒﨑 2022a）。1968年には金日成が党を掌握し、朝鮮労働党はラバースタンプ化した（Song and Wright 2018: 165）。

「主体思想」は1972年憲法でも国家の指導指針として規定され、これが党による社会管理に利用された。このようなイデオロギーに基づく社会管理は、他の社会主義国家と類似する。[4]さらに、朝鮮労働党は、社会における様々な分野に浸透していった。例えば、朝鮮労働党には「細胞」と呼ばれる組織があり、労働者が加盟する職業総同盟、農民が加盟する農業勤労者同盟や、女性同盟、青年同盟、朝鮮少年団など、様々な社会集団を包摂している。

加えて、各地に20~40世帯から成る人民班が存在し、思想教育と密告の機能を担っている。人々は、生活総括や、学習を通じて党への帰属を求められるのである（鐸木 2014: 254）。また、国民は出身成分と呼ばれる社会階層に分類され、それによって進学、就職、結婚などの社会生活が管理されている。もし反体制的な活動を行った場合は、成分の悪化や親族への懲罰も課せられることとなり、近親者や後に続く世代にまで犠牲を払わせることとなる。[5]

さらに、人々は党が社会を管理するための領域である「単位」内で管理され、移動も制限されている。このような厳格な社会管理は強力な「抑圧」、さらには学習を通じた「正統化」装置として機能した。また、単位は配給制と一体化しており、これらの装置は「懐柔」の機能をも果たしていた。

体制を揺るがすリスクとなる軍は、党規約でも「党の軍」と規定され、軍内に政治将校などの政治的役割を担う者が存在する。北朝鮮軍事専門家の宮本悟によれば、このような二元指揮制度が北朝鮮における軍事クーデタを抑制しているという（宮本 2013）。この仕組みは、社会主義を掲げる一党支配体制の特性であり、中国と類似する。

1972年には、「最高の指導機関」たる中央人民委員会が創設され、その首班である国家主席に金日成が就任した。とはいえ、このときの権力はいまだ党に集中していたと評価できる。党の指導は1992年憲法にも明記されたし（大内 2016: 23）、党内においても、最終的な決定は組織の決議によって行われ、党大会や党中央委員会は定期的に開催されていたからである（太 2019: 461; 平井 2011: 197）。実際、金日成は「独裁者であったが、他者に意見を求め、柔軟性をもったリーダーであった」とも言われている（Reese 1998: 18）。

2　金正日政権における個人化への道

建国の父・金日成の死去によってその座を後継した金正日であるが、その権力継承は70年代から始まっていた。1964年に朝鮮労働党中央委員会に配属された彼は、1972年には中央委員、翌1973年には書記局組織宣伝担当書記、翌1974年には中央委員会政治委員会委員に選出された。元来、北朝鮮では世襲による権力移行は「搾取的社会における反動的慣習」と政治用語辞典において説明されていた。しかし、この記述は70年代初めに削除されたという（オーバードーファー／カーリン 2015: 354）。

金日成体制末期である1993年には金正日に国防委員会委員長の役職が付与され、この段階からすでに金正日は朝鮮人民軍の最高司令官であった。

当時の北朝鮮は、貿易の半分を依存していたとされるソ連の崩壊に伴う経済的ダメージや、ソ連からのエネルギー供給の断絶、さらには自然災害の影響を受け、国民生活は困窮し、これまで続いていた国家配給制度が崩壊して、「苦難の行軍」と呼ばれる大規模な飢饉が生じていた。(6) GDPは1991年から1999年にかけて37・6％減少していた（ランコフ 2015: 93）。

これにより、配給制度と一体化する単位制も崩壊しつつあった。経済の悪化によって、人々は生きるためにチャンマダンと呼ばれる非公式な市場での経済活動を行い始め、それを規制するはずの党末端組織も汚職によって解体し始めた（鐸木 2014: 290-295）。非公式経済活動による所得は2008年で世帯所得の78％を占めるとされ（ランコフ 2015: 100）、現在ではチャンマダンは国家経済と同じくらいの規模であるという（李正民 2021: 71）。この状況は北朝鮮社会における監視、すなわち「抑圧」の緩みを示すものであった。

このような体制の危機に直面しながら、1994年の金日成死去によって権力の座に就いた金正日は体制を安定化させるために個人化を進めていった。彼が利用したのは、父の威光であった。金正日は映画や音楽などの芸術をすべて金日成賛美に向けさせ（太 2019: 461）、その息子である自身の正統性を強化した。

１９９７年、金正日は朝鮮労働党総書記に推戴され、１９９８年には再び国防委員長に選出され、同職が国家の最高職責となった。彼は同年の憲法改正において国防委員長への権力集中を明記し、これまで政党を通じて行っていた統治を政治指導者「個人」の統治へと転換した（Chon et al. 2009: 19）。このとき、中央人民委員会は廃止された。

さらに、従来の憲法にはなかった序文が付記され、「朝鮮民主主義人民共和国は偉大な首領金日成同志の思想と指導を具現した主体の社会主義祖国」であるとされた（大内 2016: 33）。これは金日成を称えることにより金正日の正統性を高める試みであった。

体制の安定化を図るために金正日が掲げたのが「先軍政治」であった。先軍政治とは、政治と軍事を結びつけて社会主義を守り、革命と建設の全般を勝利に導くとする思想である。これにより、金正日は党に集中していた権力を軍に移し替えるとともに、国際的な危機に対処しようとした（Kim Ilpyong 2006）。軍の重要性を強調することによって金正日による個人化の「正統化」を図ったのである（Jeung 2007）。金正日が権力の座に就いたとき、党には軍を十分に統制する力がなかったとされ、ここには軍を自ら統制できるようにしてその状況を克服するという狙いもあった（Park Seong-Yong 2016: 63）。

先軍政治には、体制の脅威ともなる軍への懐柔的な要素も含まれていた。ルーマニアのチャウシェスク体制が軍の反発によって崩壊したことから、軍の離反を恐れた金正日は、軍に農工業を管理運営させたり、昇進させたりするなどして軍への「懐柔」を強化した（大澤文護 2017: 26-27）。これにより、事実上、軍の影響力が党よりも高位に位置づけられるようになったとも言われる（Park Seong-Yong 2016: 63）。

かねてから、軍は特権階級であり、人民保安部（警察）、国家安全保衛部（秘密警察）、人民武力部（国防省）は各省とは別格である「部」であった（礒﨑・澤田 2017: 160-161）。北朝鮮の軍事費はＧＤＰの15～20％を占め、兵力は１９９８年時点で約１１０万人の規模を誇った（Reese 1998: 26, 64）。90年代からは軍や警察は外貨獲得企業所を作り、自ら外貨を獲得していた（ランコフ 2015: 106）。また、２００６年には初の核実験を行い、軍の威信を高める行動もとられた[7]。

軍は最高指導者を頂点として、人民武力部長（現国防相）、総参謀長、護衛司令官、偵察総局長が垂直的に統制されている（鐸木 2014: 306）。このような各部局の水平的なつながりがない独裁者を頂点とした垂直的な統制は北朝鮮のあらゆる組織においても見られる（太 2019: 210-211）。ここまで見てきたとおり、これは個人支配においてしばしば見られる統治形態である。独裁者を通じてしか各部門は情報を共有できず、独裁者への依存が高まるからである。

さらに、金正日は２００９年に国防委員会直轄の偵察総局という「軍のなかの軍」を創設し、親衛隊機能を担わせた（鐸木 2014: 305）。軍から完全に分離した組織ではないものの、偵察総局の存在は準軍事組織の創設であると言えよう。

また、金正日は、自身に忠誠を誓う若手党幹部を抜擢し、党内での権力の安定化にも努めた（同上：108）。反対派を排除し、忠誠に基づく登用を行うことによって軍と政党に属するエリート層の離反を防いだのである。元駐英北朝鮮大使館公使の太永浩（テヨンホ）によれば、北朝鮮のエリートの権力は、金正日との親密さによって決定されていたという（太 2019: 238）。このような忠誠に基づく人材登用と権力の集中は個人化の明白な傾向である。

また、金正日は、晩年まで党大会、党中央委員会のいずれも一度も開催することはなく、代わりに国防委員会が月に１回開催されるようになったとも言われる（大澤文護 2017: 29）。さらに、党の各部門の責任者を空席とし、自らが部長職を兼務した。これにより党の機能は衰退していき、金正日の個人化が促進されたのである（平井 2011: 199）。

金正日は経済停滞によって疲弊する社会を「懐柔」するために市場取引を計画経済の補助的機能として認めた。しかし、それらの政策は改革派幹部の粛清などもあり安定しなかった（李燦雨 2021: 20）。

一方で、金正日は２００２年にチャンマダンの増加を受けて「経済管理改善措置」として、企業や農場に部分的な決定権を認め、国が認可する総合市場を開設して非公式経済活動を抑制しようとしたが、それによって計画経済と非公式経済の境界は一層曖昧になり、２００５年に同措置は廃止されたとの説もある（李正民 2021: 130-131）。

２００９年には、北朝鮮政府は突如としてデノミネーション（貨幣交換）を実施した。インフレの抑制と、チャンマダンを縮小させて経済に対する国家の管理を高めることを目的としたと言われているが、これにより北朝鮮経済は一層の冷え込みを見せることとなった。結果として、金正日政権において、経済状況の改善の兆しは見られなかった。経済政策がことごとく空振りに終わったからである。

一連の政策から、金正日はチャンマダンが広がることにより、社会から反対勢力が登場することを恐れていたと考えられるが、社会から大規模な反体制運動が生じることはなかった。社会に対する「抑圧」が効いていたと思われるからである。例えば、北朝鮮では、選挙への投票が義務化され、投票は住民登録地で行わなければならないため、選挙が住民統制（監視や情報収集）の機能を果たしていたと考えられる（礒﨑・澤田 2017: 144-145）。金正日体制期では１９９８年、２００３年、２００９年と選挙が行われた。さらに、先軍政治によって軍による「抑圧」も強化されていたと思われる。

２０１０年には、30年ぶりに党規約が改正され、先軍政治が基本方針として確認されるとともに、マルクス・レーニン主義の党が、金日成同志の党となり、朝鮮労働党の共産主義的要素が薄められた。さらに、党総書記も「選出」ではなく、「推戴」されることとなった（平井 2011: 46-49)。このような過程は党を私党化し、自身の権力の固定化と、世襲を含む恣意的な権力移行を公式化したという点で個人支配の完成とも言えるものであった。

以上のように、金正日は、不安定な国内外の状況を踏まえ、自身の権力を安定化させるために個人化を進めたのであった。この状況は、息子の代にまで引き継がれていくこととなる。

3　個人支配の持続——金正恩政権における体制維持

２０１１年に金正日が死去すると、三男の金正恩が権力の座に就いた。彼は、若さだけでなく、その風貌が金日成と似ていたことから世界に驚きを与えた。これは、建国の父である祖父への郷愁を抱かせる「正統化」の手段であった。

突然表舞台に登場したように思える金正恩だが、彼への世襲を正統化する取り組みはそれ以前から行われていた。北朝鮮では国営放送などを通じて、音楽を用いた体制の「正統化」が行われる傾向にあるが、２００２年頃から金正日の母・金正淑（キムジョンスク）に使われていた国母の次なる対象として金正恩の母・高容姫（コヨンヒ）を称える「尊敬する母上様」と題する歌が国営放送でたびたび流されていた（ファイフィールド 2020: 113-114)。

さらに、金正恩を想起させる「二月（金正恩の誕生月）」や「金大将」という歌詞が登場するパルコルムという曲も金正恩の登場前から流されていたという（太 2019: 247-248）。これは、金一族の威光を利用して金正恩への権力移行をスムーズに行うためであったと考えられる。(8)金正日が脳梗塞を発症した翌年の２００９年には、金正恩は国防委員会内でポストを得、後継者として決定されたと考えられている（ファイフィールド 2020: 第４章）。

権力の座に就いた金正恩は軍に偏っていた権力構造を党に戻していくことによって権力の安定化に努めた。金正日政権時には最高機関であった国防委員会は、２０１６年に国務委員会に再編され、その委員には軍人がほとんど選ばれなかった（礒﨑・澤田 2017: 16）。２０１３年３月の時点で、３分の２以上の将校が政府から排除されるか、非軍事ポストに異動させられたという（Park Seong-Yong 2016: 64）。

国家指導者の地位も国務委員長へと移ったことに伴い、国防委員会第一委員長であった金正恩も国務委員長となった。さらに、人民保安部（２０２０年から社会安全省）、国家安全保衛部（国家保衛省）、人民武力部（２０２０年から国防省）は部から省となった。加えて、金正恩は36年ぶりに朝鮮労働党大会を開催し、自らは党委員長に就任した。このような経緯は軍の権力縮小を意味する。

軍に対する「懐柔」の低下は、軍によるクーデタの可能性を高めることとなる。その可能性を縮小させるため、金正恩は憲法に核保有を明記し、さらには4度にわたる核実験を行った。これは、軍の威信を高める一方、核開発によって軍の能力を高めずに抑止力を高め、クーデタを予防する効果もあると考えられる。

以上のように、金正恩は権力を軍から党に移そうとしたが、軍の離反を防ぐための方策もとっているのである。(9)

さらに、2012年の憲法改正では、金日成に加えて、父である金正日の名前が序文に加えられた。これにより、自身が金の血、いわゆる「白頭山の血統」(10)を引く正統な後継者であることをアピールしようとしたと考えられる。

金正恩は、「正統化」と社会に対する「懐柔」として、例えば芸術文化においては、中高年向けに金日成時代の作品をリメイクし、若者向けには型破りな芸術公演や派手な娯楽施設を提供し、子供世代には大々的に行事を開いて直接歩み寄る姿勢を見せた（鄭 2022: 34）。

金正恩が権力の座に就いた際、その若さから体制維持が困難なのではないかという声もあった。同体制発足時の主な後見人は金日成の娘婿であり、金正日の葬儀でも棺の傍らに立った張成沢(チャンソンテク)であったが、彼は2013年に処刑された。党副委員長、副主席クラスの大型粛清が表面化したのは金日成が行った甲山派粛清以来であった（礒﨑 2022a: 327）。同じように後見人の一人とされた朝鮮人民軍総政治局長であった崔竜海(チェリョンヘ)も昇格と降格を繰り返している。一方で、金正恩の妹とされる金与正(キムヨジョン)は、平昌五輪で金日成の直系親族として初めて訪韓するなど、外交において重要な役割を担うとともに、しばしば公の場で兄に寄り添っている。また、権力掌握後には軍人のみならず、官僚などにも大規模な粛清が実施された。さらに、義理の兄であり、同じく金正日の血を引く金正男(キムジョンナム)も排除した。このような権力中枢におけるクライアンテリズムやネポティズムの存在は個人支配の典型である。

経済回復の兆しが見えない北朝鮮において、金正恩は工業や企業などに生産と分配の権限の一部を移譲する「社会主義企業責任管理制」、その農業版の「農場責任管理制」の一環として「圃田担当責任制」を拡大した。これは、人々に部分的に自由な競争を認めることによって経済を上向かせようとする試みであり、「懐柔」でもあったと言えよう。

そして、金正恩は2013年には「経済建設と核武力建設の並進路線」を打ち出した。このとき、核開発によって費用を抑えながら抑止力を高め、その分を経済建設と人民生活の向上に力を振り向けられるとの説明がなされたという(伊集院 2021: 5-7)。[11] この並進路線により、金正恩は外部からの圧力に対抗するとともに、閉鎖的な経済体制を維持しつつも国民生活を向上させ、体制を持続させようとした。並進路線は、個人支配のリーダーは核開発に走りやすいことを示す先行研究と合致する一方で、北朝鮮経済は上向いているとは言い難い。むしろ、並進路線が国際社会からの制裁につながり(Kim Byung-yeon 2023: 38)、その結果として並進路線を強化せざるをえなくなっているという実情もある。

金正恩を含む北朝鮮の歴代政権は、反米ないし反帝国主義を正統性の御旗としてきた。社会が貧しいのは米国や西側諸国のせいであり、金体制はそれに立ち向かっているというのである（鄭 2022）。しかし、そのようなフィクションはグローバル化やデジタル化の波によって維持が困難になってきている。

かねてから、北朝鮮の政治エリートたちは韓国や外国からの情報流入によって、人々が自国の貧しさを知った結果、金体制の統治の正統性に疑念を抱くことを恐れ、厳格な情報統制を通じて閉鎖的な社会管理を行ってきた（Lankov 2023）。加えて、金正恩は２０１２年に刑法を改正して外来コンテンツを規制する専用の条項を追加した。外国作品のもち込みに対し、国家転覆罪と同等の刑罰規定を設け、厳罰化したのである（ファイフィールド 2020: 203）。このような取り組みから、金正恩がプーチンや習近平と同様にアラブの春がデジタル技術によって広がったことを恐れていることが透けて見える。

その後、２０１７年には6度目の核実験を実施したことにより、国際社会から過去最大級の制裁を受けることとなった。加えて、２０２０年頃から蔓延した新型コロナウイルスの影響により、経済は低迷の一途をたどっている。現状を覗くことが困難な北朝鮮であるが、国民生活改善の兆しは一向に見えない。

第2節　北朝鮮の対外政策

1　金日成体制下の対外政策

分断国家である北朝鮮にとって、韓国との関係をどのように定義するかは体制の生き残りをかける上で不可欠である。

朝鮮戦争の休戦協定締結後、北朝鮮の対外政策は朝鮮労働党による一党支配の正統化に基づいていた。逆に、中ソからの影響力を縮小しようとする試みが主体思想の確立につながるなど、国際関係が内政にも影響を与えていた。

１９５８年には在韓米軍の核武装が明らかとなり、中国軍も朝鮮半島から撤退したため、北朝鮮は１９６１年にソ連、中国との間で友好協力相互援助条約を締結した。これにより両国は事実上の同盟国となった。しかし、１９６２年にキューバ危機が発生すると、ソ連の北朝鮮に対するコミットメントへの疑義が生じ、北朝鮮は自主国防路線を明確にした。その後、１９６５年にはソ朝共同声明が出され、北朝鮮とソ連との関係は一旦修復された（宮本 2023: 116-117)。

１９６０年代後半になると、米軍がアジアに対する関与を緩めるグアム・ドクトリンの影響を受け、南北間で対話が進められた。１９７２年にはその成果として「南北共同声明」が発表され、統一に向けての対話が一層促進されるかに思われた。しかし、双方の統一に対する認識には、民族、国連加盟などをめぐって隔たりがあった。結果、翌１９７３年に南北対話は中断され、その後は、朴正熙（パクチョンヒ）大統領狙撃事件、南侵トンネルの発見、ポプラ事件[12]が発生するなど、南北関係は緊張を高めていくこととなった（平岩 2013: 96-100）。

１９８０年代に入ると、金日成は高麗民主連邦共和国構想を提唱する一方、１９８３年10月には韓国の全斗煥（チョンドゥファン）大統領の外遊先であるミャンマーにおいて韓国の要人を狙うラングーン事件を起こした。この背景について、北朝鮮政治専門家の平岩俊司は、度重なる民衆からのデモに直面する全斗煥を亡き者とすることは韓国民の望むところであるという判断があった可能性を指摘する（同上：106）。しかし、北朝鮮の思惑とは裏腹に、南北関係は一層の冷え込みを見せるだけでなく、大韓航空機爆破事件を契機に米国からテロ支援国家に指定されるなど、北朝鮮の国際的孤立は高まっていった。

その後、１９８８年のソウル夏季オリンピックの開催、１９９０年のソ連との国交回復など、韓国が国際社会での存在感を示していくようになると、北朝鮮はこれまでの方針を改め、国連への南北同時加盟を受け入れ、韓国と北朝鮮は１９９１年に国連に加盟した。

1992年に行われた韓国と中国の国交正常化は、再び北朝鮮外交に課題を突きつけた。北朝鮮はこれまで頼りにしてきたソ連、中国という後ろ盾を立て続けに失うこととなったからである。これに対し、北朝鮮は瀬戸際外交を駆使して諸外国と対峙していくこととなる。

北朝鮮は1985年にソ連の圧力を受けてNPT（核拡散防止条約）に署名していたが、1989年頃から核開発の疑念をもたれ始めると（斎藤 2013: 272）、一貫してIAEA（国際原子力機関）の査察を拒否し、1993年には米韓合同軍事演習の再開を口実にNPTからの脱退を宣言した。これに対し、米国が北朝鮮の核施設への爆撃を検討するなど一触即発のムードが漂う中、このいわゆる第一次核危機は、ジミー・カーター米元大統領の訪朝によって回避された。このような核外交は金正日の地位固めが進む中で利用された側面もあった（道下 2013: 164）。

その後、核放棄に向けた期待の下、米朝は1994年に米朝枠組み合意に調印し、米国は軽水炉発電所や重油の支援などを行い、北朝鮮はNPTに留まることを約束した。そのプロジェクト遂行のため、日米韓と北朝鮮を含むKEDO（朝鮮半島エネルギー開発機構）が発足している。

以上のように、金日成体制期の対外政策は、瀬戸際外交の兆しが見られるも、相手の出方によっては強硬な対外政策を控えるような姿勢をもち合わせていた。

2　金正日体制下の対外政策

しかし、国際関係の変化と経済停滞、さらにはカリスマ的なリーダーを失った北朝鮮は、二代目の金正日政権下において対外政策を一層硬化させた。その主軸となったのは、現在にまで続く核とミサイルであった。

１９９８年8月、北朝鮮は日本上空を通過するテポドンを発射した。これに国際社会は反発し、米国が北朝鮮とミサイル協議を行うこととなった。他方、当時の韓国大統領は北朝鮮に対して宥和的な「太陽政策」で知られる金大中(キムデジュン)であり、２０００年には初の南北首脳会談も行われた。このような外部要因もあり、２０００年代に入ると、北朝鮮は諸外国との国交を結ぶとともに、国際社会での地位回復に努めた。当時は、北朝鮮の経済状況が悪化の一途をたどっていたため、同国は国際社会から援助を受け始めた。これを機に、金正日は西側諸国との関係を深めたのである。日本に対して拉致疑惑を事実として認めたのもこの時期であった（宮本 2023: 124)。

しかしながら、米国で米朝関係改善に一定の理解を示したビル・クリントン政権に代わってジョージ・W・ブッシュ政権が誕生し、同時多発テロが発生すると、北朝鮮は米国から「悪の枢軸」の一員として名指しされることとなる。このことは、北朝鮮が態度を硬化させるひとつの要因となった（平岩 2013：159）。

２００３年、前年にジェームズ・ケリー米国務次官補が訪朝し、北朝鮮が高濃縮ウランの核開発計画を認めたと米国が発表したことを受けて、ＩＡＥＡの査察を拒否した北朝鮮は、核施設の再稼働とともにＮＰＴからの脱退を宣言した。特に、イラク戦争において米国がフセイン政権の打倒を目指したことは、権威主義体制を続ける北朝鮮にとって衝撃であった（同上：163）。同年から、米朝に、中国、ロシア、韓国、そして日本を加えた六者協議が始まり、朝鮮半島の非核化が議論されるようになった。六者協議では、一時、北朝鮮の核放棄が確認されるも、それは実行に移されず、協議自体が停滞することとなった(13)。

２００６年に入ると、北朝鮮は前年に米国がマネーロンダリングの疑いでマカオにあるバンコ・デルタ・アジアをブラックリストに記載し、それを受けて北朝鮮関連口座が凍結されたことに反発し、ミサイル発射実験と初の核実験を行った（同上：167-168）。以後、北朝鮮は核保有国として国際社会で強硬な姿勢をとり続けていくこととなる。さらに、北朝鮮は２００９年にも国際社会からの制止を振り切って2回目の核実験を実施した。

金正日体制末期には韓国の延坪島砲撃事件が発生した。韓国側に死傷者が出たことにより、朝鮮半島には一触即発のムードが漂っていた。その後、武力衝突は回避されたが、この事件は対内的には金正恩が指揮していたとされ、金正恩の業績作りとして利用された（中央日報 2012)。後継者問題が生じていた時期に行われたこの事件は金正恩への正統性付与の一環であった。

個人化が進んだ金正日体制において、ミサイル発射実験および核実験は、体制の正統性を高める役割をも担っていた。ミサイル発射直後には祝賀イベントが開催されるなど、軍事力の誇示は内政における不満をそらす機能をもっている (Park Seong-Yong 2016: 67)。

ジャーナリストで北朝鮮政治専門家の大澤文護によれば、2000年までの核やミサイルは経済再建のための交渉カードとして機能したという。たしかに、それまでは、ミサイル発射実験によって北朝鮮は米国をはじめとする諸外国からの関心を集め、援助を引き出すことができた。しかし、以降はその有効性を失う (大澤文護 2017: 50)。懐柔資源を獲得し、体制の正統性を高めるためのカードだった核とミサイルは、2008年にテロ支援国家指定の解除を実現するなど部分的な効力をもったものの、後者のみの機能しかもたなくなったのである。このことは金正恩体制が、強硬な対外政策のみに頼っていては体制維持が困難であることをも意味していた。

3　金正恩体制下の対外政策

社会経済を開放することによって体制の転覆を恐れる金正恩体制にとっても、核とミサイルに頼った瀬戸際外交は体制維持の生命線であった。

２０１２年12月の長距離弾道ミサイル発射実験では、初めて衛星軌道投入に成功し、北朝鮮は米国に対して攻撃と防御の手段を獲得しつつあることを示した（平岩 2013: 222)。これにより、現実的な意味で、ミサイルは国際的な圧力をけん制するとともに、内政における正統性を増幅させる手段ともなった。また、核実験は、２０１３年、２０１６年に2回、２０１７年と繰り返された。

北朝鮮が核開発を進める中、２０１７年に米国で誕生したドナルド・トランプ政権は、発足当初から北朝鮮に対して「最大限の圧力と関与」政策を掲げ、制裁を強化しつつも、核問題について対話を模索した（寺林 2021: 87-88)。

北朝鮮は、同年7月4日の米国の建国記念日に合わせてＩＣＢＭ（火星14号）を発射した。このミサイルは米国本土にも届くものであると推定された。さらに、9月には6度目の核実験（初の水爆実験）を実施し、金正恩は国内外に向けて「平和を防衛するための強力な宝剣」を武装したと語った（ファイフィールド 2020: 359)。これにより、北朝鮮に対する国際社会の警戒感は一気に高まった。

11月には、兄・金正男の暗殺（2月）や、米国人大学生が北朝鮮で逮捕され、解放されたのちに死亡した事件（6月）などの影響により、北朝鮮はテロ支援国家に再指定された。

核とミサイル開発に邁進することによって抑止力を高めた北朝鮮であったが、その代償は大きかった。国連安保理の決議によって過去最大規模の制裁を受けることとなったからである。核とミサイルによって体制を安定化させることを目指したものの、むしろその路線が制裁につながった金正恩体制は、前節で確認したように、これまでとは異なる部分的な経済の自由化を通じて社会からの不満をそらそうとした。

米国や周辺諸国との関係においても強気の一辺倒ではなく柔軟な姿勢を見せるようにもなった。2018年6月にはトランプ米大統領との間で史上初の米朝首脳会談が行われるなど、金正恩は米朝関係の改善や、休戦中の朝鮮戦争の平和体制の構築を目指した。非核化の照準も「朝鮮半島」に絞るかたちで譲歩が見られ、北朝鮮の核問題は進展する機運が見られたものの、3度行われた首脳会談はのちに停滞した。

さらには、2018年からは韓国との関係改善や、韓国を通じて米国との交渉を促進させるため（Paik 2023）、韓国の文在寅（ムンジェイン）大統領との間で南北首脳会談が3度実施され、両国間の平和の進展や離散家族の問題などの解決を盛り込んだ「板門店宣言」や「9月平壌共同宣言」が出されるなどしたが、その後、関係の進展は見られない。

こうした事態に至って、2020年5月には、2013年から2018年まで続いてきた並進路線のように核兵器やICBM開発を急がないことが示された。ただし、これは北朝鮮が軍事力に傾注する政策をやめたことを意味せず、軍事組織や治安組織が再編成され、軍事力の強化は進められているという（宮本 2021）。

また、北朝鮮は2021年の第8回党大会において国防力強化の方針を決定した（平岩 2023: 77）。さらに「国防発展5か年計画」を発表し、その中の「中核5大課業」として、①超大型核弾頭の生産、②1万5000キロメートル射程圏内の任意の戦略的対象を正確に打撃、掃滅する核先制および報復打撃能力の高度化、③極超音速滑空飛行戦闘部の開発導入、④水中および地上固体エンジン大陸間弾道ロケットの開発、⑤核潜水艦と水中発射核戦略武器の保有を掲げている。朝鮮半島政治専門家の西野純也によれば、経済的困難が続く中、金正恩が誇る成果は国防力の強化なのであるという（西野 2022: 1-2）。

このことは、金正恩が核兵器やミサイルを通じた国防力の強化が体制の維持のために不可欠であると考えながらも、それによって国際社会からの協力を得られず、現状を打破できないジレンマを表している。

核やミサイル一辺倒に見られる金正恩の軍事政策であるが、そこには現代的な特徴も見られる。それはハイブリッド戦に代表されるようなサイバー攻撃の増加である。韓国は、金正恩体制に入ってから毎秒17件のハッキング攻撃を北朝鮮から受けているという（Martin 2018）。北朝鮮はこれを否定しているというが、このような戦略は攻撃の責任を他者に押しつけながらも、安全保障において自国に有利な環境を作り出そうとする試みである。

八方ふさがりの様相が見られる北朝鮮外交であるが、昨今の米中対立の深化は北朝鮮にとっては中国をつなぎとめるという点で良い方向に働いている。ともに米国を敵とするがゆえに、米中対立の高まりとともに中朝関係は密接になっているのである（Lankov 2023）。事実、2013年から2017年にかけて中朝関係は大幅に悪化していたものの、米朝接近を不安視する中国は対北朝鮮関係の立て直しに着手するようになった。2019年6月に中国の最高指導者としては14年ぶりとなった習近平による訪朝も実施されたように、米中対立の環境下において中朝関係が一時期と比べると改善したことは確かである（山﨑 2023）。

ウクライナ侵攻後、国際的な孤立を深めるロシアは、北朝鮮に秋波を送っているともされ、食糧と引き換えに北朝鮮から武器調達をしようとしているとも報じられている（BBC 2023）。ロシアの国際的孤立も、かねてから孤立してきた北朝鮮に対する助け舟となるかもしれない。中ロは2022年の国連安保理において、北朝鮮に対する制裁強化に関する決議に2006年以降初めて反対した。国際関係の変化もまた、北朝鮮の対外政策に影響を与えるだろう。

第3節　金正恩体制のゆくえ

建国以前から大国間政治に翻弄され続けた北朝鮮は、自国の存在意義を朝鮮労働党の一党支配に求めた。それを主導したのは建国の父・金日成であった。経済の停滞と国際社会での孤立が高まる中で父の後を継いだ金正日は、その苦境を克服するために、軍に頼りながら個人化を進めた。これにより、北朝鮮は抑圧を高め、個人支配体制へと変貌した。父の死後、権力の座に就いた金正恩は、やはり個人支配的な統治を継続し、権力を維持している。その統治手法は祖父と父の双方の特徴を併せもち、国内から反体制運動が生じることを防いでいる。この過程においてイデオロギーは変質したが、金体制の維持は一貫した目標であった（Dukalskis 2017: 74)。

しかし、北朝鮮の置かれた状況は内政、国際関係ともに厳しい。経済は一向に停滞したままである。新型コロナウイルスの影響によって、苦難の行軍時のような大飢饉には至っていないとされるが、北朝鮮全体の9割を占める中国との貿易は80％を超える減額を余儀なくされ（伊集院 2021: 10-11)、経済は悪化の一途をたどっている。

これに対し、金正恩は２０２１年の第８回党大会において、２０２０年に終了した「国家経済発展5か年戦略」の失敗を認めた。彼はその理由として、①米国をはじめとする国際社会からの制裁、②自然災害、③新型コロナウイルスの影響の三重苦を挙げた。他にも戦略の実施面に対する自己批判もあった。これを受け、新たな5か年計画では外部に頼らない経済建設（自力更生）が志向された（同上：2-3）。失敗に対する自己批判をしたことは注目に値するが、経済停滞の責任を外部に帰すのはこれまでも行われてきたことでもある。また、経済政策の失敗を口実にさらに閉鎖的な経済環境を構築しようとする選択は、金正恩がアフターコロナによって再び国際交流が促進され、自らの正統性が毀損されることを防ぐためであると言えるかもしれない。

前述のとおり、北朝鮮では経済状況の悪化から、部分的な市場経済の導入が行われてきた。ある調査によれば、金正日時代の2010年には200か所しかなかったチャンマダンは、2015年に406か所と倍増しており、人口の80％がそれを利用しているという（The Chosunilbo 2015）。北朝鮮内部における資本主義的な市場の存在は無視できない規模に拡大しているのである。

中間層の登場は政治体制の民主化を促すという古典的な研究に基づけば、これは北朝鮮の体制変動を予期させるものである。しかし、現状では、市場での活動を許可する政治エリートが親体制的であるため、中産階級による社会からの突き上げは起きていない（鐸木 2014: 293-

296）。非公式な活動の多くは賄賂などを通じてエリートに黙認されているという（Dukalskis 2018: 106-108）。さらに、北朝鮮経済を非公式に動かしてきた存在はトンジュと呼ばれる元は帰国同胞と華僑から成る富裕層であり（李燦雨 2021: 31-32）、彼らはロシアのオリガルヒと同じように親体制派であるとも言われている（ファイフィールド 2020: 231）。ゆえに、仮に反体制的な資本家がいたとしても、彼らの力は小さく、社会全体にも「政治のことは家でも話してはいけない」とされるほど厳格な情報統制と監視の目が張りめぐらされているため（Dukalskis 2018）、下からの体制崩壊を実現するほどの力を付けていないと考えられる。

また、国際的な援助は社会勢力に力を与えるかもしれないが、援助は「将軍様からの贈り物」として社会に分配されるため（太 2019: 107）、かえって体制の安定化に寄与している可能性もある。

経済の停滞は、エリートに対する懐柔資源の縮小をも意味するが、個人支配であるがゆえに彼らの命運は金正恩とともにある。２５００万人を超える人が暮らす北朝鮮において、政治の中枢にいるエリートやその家族は2万人程度しかいないとされている（Collins 2016: 4）。したがって、権力中枢の人々は懐柔を少ない人数で分け合うことができているのかもしれない。**序章**で確認したとおり、権力分有の対象が小さいことは、体制からの離反者を防ぐ上で有効である。

とはいえ、金正恩体制に入ってから党大会を復活させたことは、軍と党の権力バランスを調整するためのみならず、党による社会管理を強めたい意図があるとも考えられる。権力継承前に3度しか行われていなかった細胞委員長大会も2013年1月、2017年12月、2021年4月とほぼ4年おきに開催され、2021年3月には初めて、市や郡の党のトップである責任書記を集めた市・郡党責任書記講習会が開催された。これにより、金正恩は社会に対する監視を強化しているとも考えられる。

2019年4月の憲法改正では国家の指導指針が「主体思想、先軍思想」から「金日成・金正日思想」に変更され、「人民大衆第一主義」が定式化された（礒﨑 2021b）。このことは、金正恩が世襲の正統性に頼りながらも、同時に社会に対する「懐柔」を図ろうとしていると評価することができよう。

また、金正恩は、2021年の第8回党大会においてこれまで「永久欠番」となってきた党総書記に就任し、「人民的首領」となり（平井 2022: 54）、中央集権化を再び強化し始めた（Lankov 2023: 17-18）。「金日成・金正日思想」に並んで、「金正恩同志の革命思想」も台頭しているとされ（平井 2022）、このことは金正恩「個人」の崇拝化を高めようとする試みである。

しかし、部分的な経済の規制緩和は社会における汚職を促すだけでなく、以前と比べて人の移動や、それに伴う情報の流通も活発化させているという（ファイフィールド 2020: 172）。国際電話はかけられないが、携帯電話の普及率は2019年時点で25%に至るとされる（李正民 2021: 133; Park Ju-min 2019）。

太永浩は、市場の発展や韓国の文化コンテンツ、宗教、制裁が金王朝を瓦解させる可能性があると述べている（太 2019）。市場の発展は制裁によって促進されている面があるが、このことは、個人支配には制裁が効きやすいとされる先行研究と通底する。現在のところ、人口の0・1%しかインターネットに接続できないとされているが（李正民 2021: 134）、デジタル化が高まる現代において外国の文化コンテンツや宗教といったソフトパワーを北朝鮮政府が今後漏らすことなく抑え込むことは難しいだろう。

韓国が金大中政権であった1998年からは韓国からの観光客を受け入れるようになり、市民レベルでの南北交流が始まった。よく知られるように北朝鮮では、観光客への監視が行き届いており、旅行中の自由な行動は許されない。これもやはり、外部からの情報を政権が防止するためである。これに対して、礒﨑敦仁は交流が人々の意識に変化をもたらす可能性を指摘する。実際、韓国向けの観光が中断された背景には、韓国人による観光が北朝鮮側の予想以上に国内社会に悪影響を及ぼしたと捉えられた可能性があるという（礒﨑 2019）。金正恩は体制宣伝と外貨獲得のために観光を重視しているとされ、新型コロナウイルス拡大の影響を受けて停滞しているとされる観光は、アフターコロナには再び盛んになることが予測される（礒﨑

2021a)。それによる外部との接触機会の増大が、長期的に見れば北朝鮮の体制を揺るがす可能性は否定できない。

では、北朝鮮の核使用、さらには第二次朝鮮戦争勃発の可能性はあるのだろうか。

2022年には「核使用法令」が採択され、北朝鮮に対する攻撃が「差し迫っている」と判断された場合、先制のために核兵器が使用される可能性が高まった。「差し迫っている」かどうかを判断できるのは金正恩だけである（倉田 2023）。

確固たる個人支配が構築されている北朝鮮では、「非合理」な対外政策がとられる可能性が高まっているため、それを予測することは難しい。体制変動の観点から見れば、経済停滞が続き、国民が声を発することができるような状況やエリート間で金正恩体制に対する正統性の疑義が生じたり、金正恩の健康問題などにより後継者問題が発生したりした場合は、その危機を乗り越えるために武力行使を選択する危険性は高まる。金正日から金正恩への権力継承の過程で生じた延坪島砲撃事件はその典型とも言える出来事であった。

また、繰り返しになるが、金正恩の側近集団との関係やクライアンテリズムの様態も対外政策を決定する重要な要因となる。その意味で、北朝鮮専門家の緻密な分析への依存度もこれから一層増していくと言えよう。

経済が疲弊していたとしても、ロシアによるウクライナ侵攻を「米国と西側の覇権主義政策に根源がある」と述べているように（平岩 2023: 78）、米国の脅威や、資本主義との戦いを正統性の源泉としてきた金体制が、日米との劇的な関係改善を進めることは難しいだろう。国際的な孤立がむしろ金体制が掲げてきた西側諸国を敵とする言説を強化させていると言えるからである。このことは、拉致問題を最重要課題に掲げる日本との交渉が停滞していることからも垣間見える。逆に言えば、金正恩は「外部の敵」を設定して正統性を獲得し続ける限り、経済を上向かせて懐柔資源を獲得することが難しいのである。[14]

今後、北朝鮮はどのような方向に向かっていくのか。引き続き注視が求められる。

注

（1）2022年9月に行われた第14期第7回最高人民会議での施政演説（礒﨑 2022b）。

（2）なお、ゲデスらが作成した独裁体制データでは、北朝鮮は個人支配と一党支配のハイブリッドとされている（Autocratic Regime Data）。

（3）金正恩の精神分析に関する図書も出版されている。それによれば、金正恩は被害妄想や反社会性、境界性、自己愛性が見られる境界性パーソナリティ障害を患っているという（張 2018）。

（4）当初から北朝鮮では思想教育やプロパガンダが重視されており、例えば、1945年から1950年までは国家予算の20％が教育や文化に充てられていたという（Dukalskis 2018: 37）。

（5）「成分」は、核心階層、動揺階層、敵対階層の3層から成り、日本軍に対してや朝鮮戦争を戦った軍人やその家族である核心階層は人口の10～15％であるとされ、生活におけるあらゆる優遇を受けられる。敵対階層は日本の協力者やキリスト教徒、反体制的な者が含まれ、全体の40％ほどであり、大半が集団農場か工場で働き、気候が厳しく食糧が乏しい北部の山地に追いやられているという。その中間にあるのが動揺階層である（ファイフィールド 2020: 199-200）。

（6）苦難の行軍とは、元は1938年末に金日成が率いた行軍を指す。北朝鮮の飢饉と政府の失敗については、ハガード／ノーランド（2009）を参照。

（7）北朝鮮は1950年代末には核兵器開発のための核研究所を建設していたという（太 2019: 37）。

（8）ただし、北朝鮮でも長い間、金正日の息子は金正男以外ないと思われていたようであり、金正恩は自身と金日成が写った写真がないことを懸念していたという（同上）。

（9）金正恩体制に入り、軍から党に権力が移り変わっていったことや、先代の金正日が「先軍政治」を掲げていたことから、軍事支配体制が一党支配体制に戻ったのではないかという疑問をもつ人もいるだろう。しかし、金正日体制から北朝鮮では個人支配が確立されているのであり、軍から党への権力移行は金正恩体制を支える上での組織改編の一環として捉えたほうがよいだろう。

（10）白頭山は、北朝鮮において金日成が誕生した「革命の聖地」とされる場所である。なお、金日成が実際に誕生したのはソ連であるとされ、これは金家に対する個人崇拝を進めるための創作であるとされている。

（11）並進路線という用語は1960年代から軍事力と経済力を同時に進展させるという意味で使用されていたが、金正恩政権に入ってから改めて国家目標として使用されるようになった。

（12）ポプラ事件とは、板門店でポプラの木を剪定しようとした韓国軍兵士と米軍兵士に北朝鮮軍が攻撃を加えた事件。

（13）なお、**第2章**でも確認したように六者協議を主導したのは中国であり、しばしば中朝関係は常に良好かのように理解されているが、中国が北朝鮮の核開発に対して良い印象を抱いていないことには留意が必要である。中国は北朝鮮の核開発によって、核保有国としての特権的地位が毀損されることや、東および東南アジア地域において核競争が発生するリスクから、それを諸手を挙げて受け入れているわけではない。中国は北朝鮮の緩衝地帯としての役割を踏まえた対朝政策をとっているのである（Khoo 2021; Lankov 2023: 18）。事実、中国は基本的に国連安保理での北朝鮮への制裁決議に賛成票を投じている。

（14）ロシアについても同様の点が指摘されている（Shevtsova 2017）。

終章

比較分析——個人化する権威主義と向き合う

神格化されたドグマにつかれた独裁権力の核心は、このドグマの執行者として、歴史を形成してゆく——猪木正道(1)

『戦争論』で知られるクラウゼヴィッツは、「戦争とは他の手段をもってする政治の継続にほかならない」と述べた（クラウゼヴィッツ 2001: 63）。彼の言うとおり、個人支配において、「非合理」とも思える戦争は体制の生き残りのために「合理的」に遂行されると言っても過言ではない。

では、ここまで見てきたロシア、中国、北朝鮮の共通点と相違点から、何が言えるのだろうか。本書の締めくくりとして、3事例における個人化の過程、現代の独裁者の体制維持の手法、各国の対外政策について検討してみよう。そして、最後に本書での考察を通じて得られた示唆を提示してみたい。

表終-1　各事例における個人化のまとめ

個人化の指標	ロシア［第1章］	中国［第2章］	北朝鮮［第3章］
① 権力中枢への忠誠に基づく登用	○	○	○
② 独裁者を支える新しい政党や運動等の創設	○	×	△
③ 独裁者による党上層部への人事権の掌握	○	○	○
④ 独裁者の決定に対する党上層部のラバースタンプ化	○	○	○
⑤ 独裁者による治安維持機関の掌握	○	○	○
⑥ 独裁者による軍における忠誠に基づく登用と排除	○	○	○
⑦ 独裁者を守るための準軍事組織や親衛隊の創設	○	×	○
⑧ 軍内反対派に対する粛清	○	○	○

出所：筆者作成。

1　個人化の違い

ここまで見てきたとおり、各国では個人化の兆候が見られたが、その程度は異なっていた（**表終－1**）。

ロシアでは、第一次プーチン政権から権力中枢におけるクライアンテリズムが進み、第二次政権においてプーチンの個人政党化されていた与党が大部分の議席を占有し、議会から反対派が排除され、立法府がラバースタンプ化した。その後、個人化が加速したのはプーチンが再登板した第三次政権からであった。このときに、プーチンは全ロシア人民戦線の組織化や、ロシア連邦国家親衛軍庁の設立と軍の私兵集団化、さらには反対派に対する粛清を強めていった。そして、4期目の憲法改正によって、ロシアの政治体制は制度的にも個人支配化したのである。

中国では、習近平が党上層部の人事権を掌握して党のラバースタンプ化が行われており、任期も撤廃されるなど個人化が著しい。しかし、国家建設を担い、強力に制度化された共産党による一党支配を維持してきた中国では、その個人化の度合いは他の2事例と比べて低い。例えば、習近平は新たな政党や運動を創設できておらず、あくまで中国共産党の枠内で最高権力者の座に納まっている。さらに、人民解放軍の体制を大幅に改編し、自身の統帥権を高めているものの、準軍事組織や親衛隊を作って、反対派から自身の身を守ることまでは行っていない。中央軍事委員会人事に面接方式が導入されたことから、習近平による軍の掌握は現状、成立しているとも言えなくはないが、軍は党に従属するという位置づけに変わりがないことから、習近平が人民解放軍を真の意味で私兵集団化できているかは議論が分かれるところであろう(2)。

最後に北朝鮮では、金正日体制以後、個人支配が確立されている。ゲデスらの項目に基づくと、冷戦の文脈の中で国家建設を進めた朝鮮労働党の存在があるがゆえに、新しい政党や運動は創設されていないこととなる。しかし、朝鮮労働党が事実上、金家の私党化していることを考慮すれば、朝鮮労働党の党規約に金の名を書き込むような変更によって、朝鮮労働党が新たに生まれ変わったと評することができよう。それ以外の項目については、北朝鮮が最もその度合いが高いと言っても過言ではないような状況が見られる。

以上を比較すると、指標の上では、中国と北朝鮮はかねてから一党支配を構築してきた強固な政党の存在があるため、先行研究に基づいた個人化の度合いはロシアよりも低いこととなる。ただし、前述の点を踏まえれば、単純に金正恩のほうが、プーチンよりも裁量が小さいとは言い切れない。しかし、中国の個人化の度合いはロシアや北朝鮮と比べれば明らかに低いと結論づけることができるだろう。

分類するならば、ロシアと北朝鮮は個人支配、中国は一党支配と個人支配のハイブリッド体制ということになる。[3] しかし、これらは分類上の問題であり、いずれにせよ、3つの国において「非合理」な対外政策が選択される可能性は高まっていると言えよう。

2　体制維持の手法と不安定化の可能性

個人化を進める各国では、「抑圧」、「懐柔」、「正統化」において様々な手法がとられていた。「抑圧」においては言うまでもないが、すでにすべての事例において表立って体制批判ができない状況が作られている。また、各事例は外国からの反体制的な情報の流入も積極的に予防している。

「懐柔」についても進められている。個人化を進めている以上、クライアンテリズムを維持するためのエリートに対する優先的な分配もなされているが、いずれの国でもこれから経済停滞が加速すると予測され、今後の各国の懐柔政策の在り方には注視を要する。懐柔資源の縮小が、現在の「正統化」に頼る対外政策を引き起こしているという仮説も成り立つ。「正統化」については、個人崇拝化に加え、いずれの国でもナショナリズムに訴えかける手法がとられていることが特徴的であった。これらは後述するように対外政策と結びつき、独裁者たちの野心的な対外行動を後押しした。

では、これらの体制の不安定化はどのように生じるだろうか。簡単にまとめてみたい。

まず、ロシアと中国は今後、経済停滞が促進される可能性、北朝鮮は現在進行形での経済停滞が見られた。これらが社会からの突き上げを促す可能性はあるが、すべての国は「抑圧」と「正統化」を高めてそれに対応している。中国や北朝鮮でも伝統的に党組織による社会への浸透が行われてきたが、これらはデジタル化の波によって変化しつつある。人々がインターネットでつながることができるようになった時代に中国や北朝鮮がどのようにそれに対処するか、デジタル権威主義論に対する関心も高まる。アラブの春以降、独裁者はデジタル化の波に適応し、それを制約、さらには利用することによって体制を維持しているとされるが（Lavie and Yefet 2022）、長期的な視点で見れば経済停滞やデジタル化の進展が深刻な体制の危機につながる可能性はある。

また、年齢を考えるとプーチンと習近平は早晩後継者問題に直面すると考えられる。中国は一党支配、すなわち集団領導制への揺り戻しの可能性があるため、円滑な権力移行がなされる可能性はあるが、個人支配となったロシアでは後継者をめぐって体制の危機が高まる可能性は高い。

政治学者のダニエル・トレイスマンによれば、1800年から2015年の間に生じた民主化の概ね7割から9割は独裁者の誤認や判断ミスによるという（Treisman 2020）。これは、理論的には個人支配は民主化しにくいとされている一方で、意思決定権を一手に掌握した独裁者が、体制維持のための判断を誤る可能性の高さを示すものでもある。したがって、予期せぬ体制崩壊が生じる可能性もないわけではない。

体制移行への狼煙は、クライアンテリズムが不十分なアクターから上がる（大澤傑 2020）。現存する権威主義のクライアンテリズムの様態を分析することは困難であるが、それを予測するためには、可能な限りつぶさに各国の内政を読み解いていく必要があろう。

3　分析を通じて得られた示唆――「パンドラの箱」の中のディストピア

ここまでの分析を通じて、各事例間における共通点と相違点が明らかになった。それらを踏まえて、以下では、3つの事例から得られた示唆を提示してみたい。そこからは、各事例は個人化によって対外政策を縛られ、さらにはそれを止めることができない状況に陥っていることが透けて見えてくる。

（1）危機に直面した個人化

個人化について考察してきた本書であるが、3つの事例にはもうひとつ重要な共通点があった。それは、危機に直面した国家が、それを乗り切るために個人化を進めたという事実である。独裁の語源は、共和政ローマにおいて、国家の非常事態に対処するために一人の「独裁官（ディクタトル dictator）」に権力を与えたことにある。もちろん、まったく同じではないが、いずれの国でもその傾向が見られた。すなわち、現代において恐れられる独裁も人々の承認を得て誕生、維持されている側面があるのである。

本書で見てきた、個人化を進めたいずれの独裁者も、権力掌握時に体制崩壊のリスクに直面していた。権力が不安定な時に個人化を進める、という点においては先行研究の理論に合致する。

このような過程において、いずれの国にも見られたのは、国民のナショナリズムに訴える対外政策による「正統化」であった。それを武力行使にまで昇華させたのが、プーチンのウクライナ侵攻だったのである。

反実仮想ではあるが、彼らが社会からの声に呼応して民主化に踏み切った場合、これまでの統治手法が抑圧的であったことから、自身の安全を確保することは困難であったと考えられる。それゆえに、彼らは民主化とは真逆の個人化を選んだ。その選択は、独裁者にひとときの安寧をもたらしたが、その後の体制の行く末は不透明である。さらに、個人化が進めば進むほど、体制の正統性の根源が自身と結びつくため、体制と独裁者自身の生命を維持するために、個人化を自己目的化せざるをえなくなる。その結果、平和的な体制移行が難しくなるのである。これが、国際秩序が流動化する不安定な現代において、個人化する国家が増加している要因かもしれない。個人化は、自縄自縛の状態を作り出してしまうリーダーにとって開けてはならない「パンドラの箱」である。

(2)ディストピア建設による体制維持

このような状況において、3か国に共通して見られた統治手法が「ディストピア建設」である。プロパガンダを通じて国内に陰謀論めいた「物語」を流布し、体制と自身への忠誠心、すなわち正統性を高めさせ、体制の安定を高める手法である。ジョージ・オーウェルの『1984』で描かれたような監視と洗脳の世界がそこにはある。正統性の根源が欠如する独裁者だからこそ、虚栄的な「物語」に頼るのかもしれない。[4] さらに、前述のとおり、ここには経済停滞に伴う懐柔資源の縮小も影響していよう。懐柔資源の縮小は個人支配の生命線であるクライアンテリズムの機能不全を招く。独裁者は、「懐柔」の低下、さらにはそれに伴う「抑圧」の低下を「正統化」によって補強しているのである。

注目すべきは、本書で考察した3つの国における正統化のための「物語」が「外部の敵」を設定することによって維持されていることである。ロシア、中国、北朝鮮のいずれもが、政治的な諸問題は米国を中心とする西側諸国によるものであると主張し、それを過去の「栄光」や「屈辱」と結びつけることによって国内社会からの批判をかわしている。ロシアのカラー革命に関する言説や、中国の和平演変、北朝鮮の一貫した反帝国主義などがそれにあたる。[5] そのため、体制安定のためのディストピア建設の一環として野心的な対外政策が選択されるのである。まさに、本章冒頭で掲げた独裁研究の大家である政治学者の猪木正道の言葉のように、独裁者は自ら作り出したドグマ（「物語」）の執行者として、歴史を創っていくのである。

ここで、個人化が進む国家の対外政策を図示してみよう（**図終－1**）。[6]

本書で扱った3つの事例は「外部の敵」を設定することにより、対外政策を通じた「正統化」を図ってきた。そのため、「外部の敵」に対して、しばしば強硬な態度をとるのである。ここには、ロシアのウクライナ侵攻のような武力行使のみならず、中国の台湾への軍事的な威嚇や南シナ海での現状変更的な行動、北朝鮮による核開発やミサイル発射など、あらゆるものが含まれる。すなわち、武力行使にまで至ることがなくても、「外部の敵」を設定することによって正統性が維持できるのであれば、戦争に訴えるという行動をとる必要は必ずしもないと考えられるのである。さらに言えば、懐柔資源を獲得できるような状況が構築されれば、そも

図終-1　個人化が進む国家の対外政策

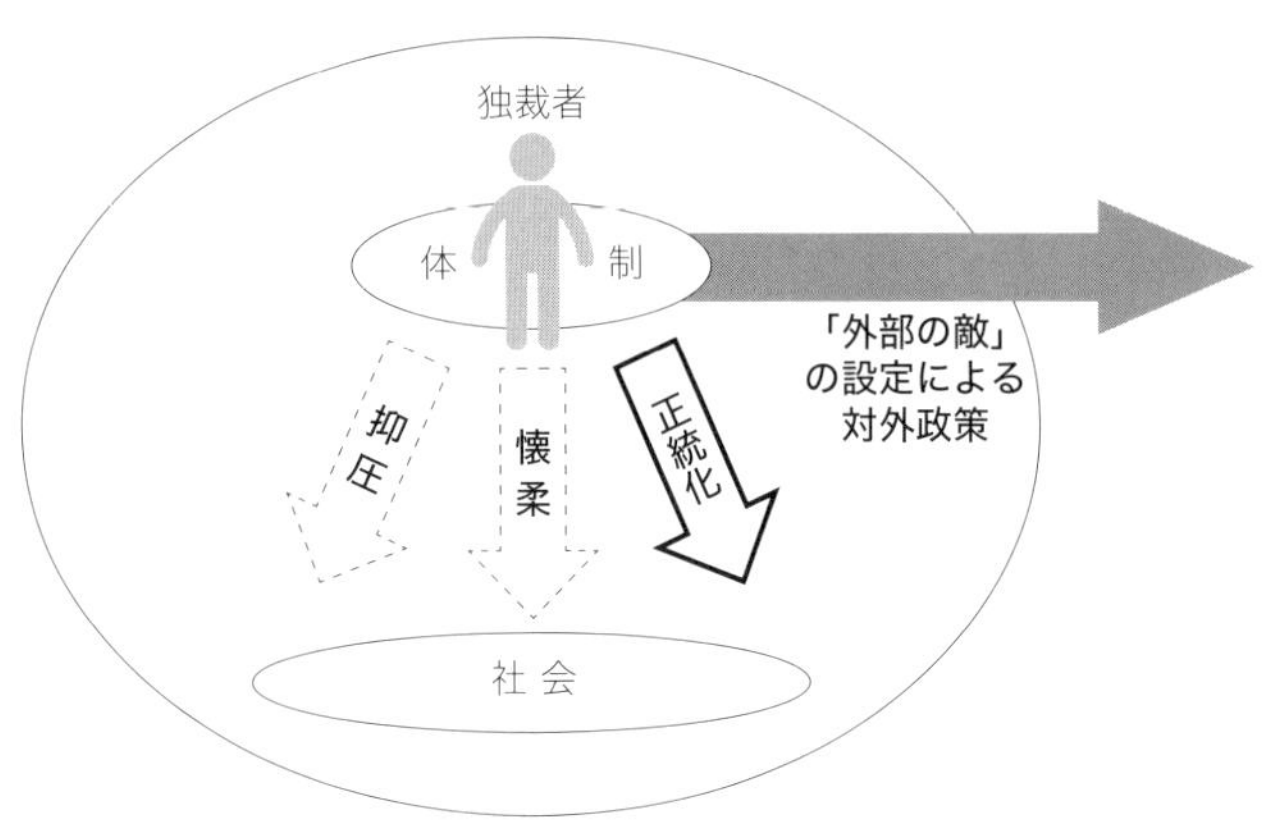

出所：筆者作成。

そも「外部の敵」を強く意識する必要性はなくなる。

ただし、個人支配において、正統性と一体化した対外政策を変えることは難しい。なぜならば、対外政策における大幅な方針転換は体制の正統性の否定とイコールだからである。個人支配ではなく、他の権威主義であれば（困難ではあるが）それができる。実際、過去に見られた中国の方針転換は、一党支配だからこそなせた技と言えるだろう。(7)

そして、正統性獲得のために一旦始めてしまった戦争は、それ自体が独裁者にとっての「聖戦」と化すため、止めることが難しくなるのである。

（3）正統化のための戦争とその終わり

ロシアによるウクライナ侵攻は、プーチンの個人化と、それに伴う「正統化」の帰結である。とすれば、この戦争はプーチンにとっての「聖戦」であり、成果を得ないまま終わらせることができない。正統性の源泉である戦争は、完膚なきまで叩きのめされるか、独裁者の正統性が維持される状況においてしか終結しえないと思われる。これが、個人支配体制をとる国を相手とした戦争の難しさであろう。

歴史を紐解けば、フセインのイラクによるクウェート侵攻やヒトラーが率いたドイツによるポーランド侵攻から始まった第二次世界大戦は、その国の敗北によって終結している。この点は今後の研究課題でもあるが、仮に協定によって戦争が終わった場合でも、個人化した独裁者が得られる利得が少なければ、すなわち、正統性が担保されるに足りないと思われる場合は、戦争の火種は大きく残ったままとなるだろう。

朝鮮戦争が休戦状態であるがゆえに潜在的には国際紛争に関与しているものの、中国と北朝鮮は今のところ国際紛争を起こしている状態にはないが、反米や反西側諸国的な言説が体制の正統性と結びついている以上は、それを取り下げることは難しい。とすれば、これらの国とは権威主義を安定化させている諸要因を前提とした上で、冷静な距離感を保つことが、日本をはじめ各国に求められよう。

4　個人化時代の安全保障

最後に、平和を構築する上で、これらの国とどう向き合っていく必要があるか試論してみよう。

本書では、対外政策を考えるために各国の内政の動態を政治体制論の視点から見てきた。ロシアのウクライナ侵攻後、多くの国際政治学者が合理的行為者モデルに基づく分析モデルの見直しの必要性について言及する一方、あらゆる媒体で「関係筋」から得たという真偽不明の情報も流布された。

しかし、元来、外交は内政の延長線上にあることは理解されてきたことでもある。それに対し、本書では権威主義にも様々なタイプがあるからこそ、そのタイプを踏まえた上で各国の対外政策を検討した。

抑止の観点から言えば、日本を含む周辺諸国の平和を構築する上で、個人支配をとる国家とどう向き合うかは喫緊の課題であろう。

体制の転覆を期待し、制裁などによって個人支配を終結させるというのも「非合理」な対外政策の可能性が減退するという意味で、「安全」への道である。しかし、それによって体制の危機が生じた場合、それは当該国家が暴発するリスクにもつながる。

対して、体制の危機を起こさせないために、独裁者を懐柔して体制を長引かせようという考えもあろう。しかし、個人支配である以上は、その国は他の体制と比べて不確実性をはらみ続けることとなるし、いずれにせよ、その国は独裁者の後継者問題によって遅かれ早かれ必ず体制の危機を迎えることとなる。

加えて、「外部の敵」の設定とは別のかたちで体制の正統性を維持させることさえできれば、「非合理」な対外政策がとられる可能性を減らすことができよう。そのために、例えば、独裁者によるディストピア建設をユートピア建設に切り替えさせるということも考えられる。しかし、歴史的にそれが失敗してきたことや、それに伴う民主化の可能性を独裁者たちが恐れていることは明らかであり、ユートピア建設を支援することによってリスクを縮小させることができる可能性は低いだろう。

以上を考慮すると、個人支配の暴発を防ぐことはいずれにせよ難しいということとなってしまう。

また、権威主義との付き合い方を考える際には、対外政策が与える間接的な影響に配慮することも重要である。天安門事件後、日本が真っ先に制裁解除を推進したことにより、事実上、中国における共産党体制の継続が国際社会でお墨付きを得たことは忘れてはならない教訓である。

さらに付言すれば、仮にこれらの国が民主化したとしても、民主主義の定着段階にある国家はナショナリズムに訴えることで正統性を獲得しようとする傾向があるため、かえって戦争に訴えやすいという重要な研究もある（Mansfield and Snyder 2005）。政治体制の形成を支援することによって安全を確保しようとする戦略の有効性についてはいまだ決着がついていないのである。

とはいえ、何もできないということはない。自国の防衛力を高めたり、同盟関係を強固にしたりすることで抑止力を高めることは可能であるし、交流に伴う関係強化も重要であろう。その選択には、秩序や規範を踏まえる必要があることは言うまでもない。結局のところ、個人支配が増加するとともに国際秩序が揺らぐ現代であっても、このような国際政治の基本に立ち返った政策が求められることに変わりはないのである。

また、民主主義は権威主義と比べれば透明性が高いことから、リーダーが危険な賭けに出る可能性が下がるがゆえに、戦争にも強いとされる（Reiter and Stam 2002）。自国の民主主義の護持も不可欠であろう。個人化は民主主義体制においても生じ、民主主義を毀損するからである。

さらに、本書で扱った3か国はいずれも核保有国であるという点にも留意が必要である。核保有国による戦争は、核戦争に至る前に歯止めがかかることが予測される。このような状況は、軍事力の活用を含めた外交の重要性をより顕わにするものでもある。核をもたない日本の視点から見れば、核保有国と向き合いながら安全を保障するためにどうすればよいか議論を深めなければならない。

また、いずれの国でもハイブリッド戦が展開されているが、サイバーセキュリティや経済安全保障に関する議論の促進も必要であろう。

本書ではほとんど触れられなかったが、3か国間の連携も深まっており、それに対する注視も不可欠である。

昨今では、米国の力の衰退によって、台頭する中国と覇権が交代し、それが武力衝突につながるのではないかという「トゥキディデスの罠」も囁かれている（アリソン 2017）。[8] 覇権をめぐる戦争は、国家の正統性のみならず、国際システムの正統性をめぐる戦争につながるという意味で、制約のない紛争となる（ギルピン 2022: 189）。

米中による大国間競争において、米国の対中戦略の変化に関わっている日本は傍観者ではなく当事者である（高橋杉雄 2023）。さらに、戦争の長期化を受けて米国がベトナム戦争から撤退したように、死活的国益よりも戦略的国益のほうが損害の許容限度が下がることを考慮すれば（村井 2021: 267）、日本は米国以上に周辺地域の平和にコミットすることが求められる。それこそが自らを守ることにつながるからである。

このような時代に増加する「個人化する権威主義」は、これまで以上に世界を読みにくくしている。「非合理」な世界でいかにして平和を構築できるか。もう一度「合理的」に考えてみたい。

注

（1）猪木（2019: 369）。

（2）表の上では、面接方式が導入されていることから「〇」と判定した。

（3）本書の議論からは外れるが、これら3つの国の政治を理解する上で重要なもうひとつの点は、経路依存的な政策形成過程にあるように思われる。例えば、中国と北朝鮮のいくつかの政策分野では社会主義時代の名残から「5か年計画」が提示される。ゆえに、5年間の見通しは立てやすい。北朝鮮についても、金正日体制よりも金正恩体制のほうが党に権力を戻しつつあるという点から、党内政治に注目した分析がしやすくなっていると言えるかもしれない。これらの計画と実際の政治の関係に政治体制の変動がどのような影響を与えているかは今後の研究課題である。

（4）中国党大会の儀式的かつ制度的な側面に注目した呉国光も同様の指摘をしている（呉 2023: 66）。

（5）阿南友亮は、中国において、このような「外部の敵」を設定したプロパガンダは江沢民時代から始まったという（阿南 2017）。

（6）本書は理論化を目的としていないが、同様の傾向が他の事例にも見られるかは今後の研究課題としたい。

（7）その意味で、中国の一党支配がいまだ続いていると見るならば、今後の対外政策の方針転換の可能性は否定できない。他方で、台湾併合を実現してしまうと中国共産党は重要な正統性の根拠を失うこととなるため、共産党による統治が弱まる可能性もあろう。

（8）中国も「トゥキディデスの罠」を意識しており、習近平自身がその言葉について複数回言及している。例えば、2017年1月の国連欧州ジュネーブ本部における演説の中で、習近平は、明らかに米中関係を念頭に置きながら、大国同士の関係を適切に築くことによって「トゥキディデスの罠」を回避できると述べている（習 2018: 600-601）。

あとがき

本書は、現代の安全保障情勢を政治体制の視点から読み解く試みである。ロシアのウクライナ侵攻後、日本においても中国や北朝鮮といった権威主義国家の対外行動に対する関心が高まっている。本書では、これらの国の政策形成過程をつかむため、あえて各事例を抽象化して、各国の政治体制を読み解いてみた。各地域の専門家から見れば乱暴な点があることは否定できないが、個人化が拡大する現代国際社会において、本書が権威主義体制の統治手法や対外政策の理解に少しでも貢献できればと願っている。

本書のうち、**第1章**のロシアと**第2章**の中国は、それぞれ『SYNODOS』と『交流』にて掲載された小論（大澤 2022a, 2022b）を大幅に加筆修正したものである。

脱稿前には、NPO法人海外安全・危機管理の会の月例セミナーでお話しする機会をいただくとともに、五十嵐隆幸、礒﨑敦仁、岡田美保、角崎信也、武田康裕、長谷川雄之、溝渕正季、山﨑周といった各地域、および安全保障専門家の先生方に草稿に目を通していただいた。一般読者の視点から筆者の読みにくい文章を見てくださった友人もいる。また、大学院生の黒木美里さんは参考文献の整理を手伝ってくださった。残る誤りは筆者の責にある。

本書の執筆に際しては、ロシア、中国、北朝鮮政治を専門とする研究者の論考を参考としたが、率直に日本の3地域に関する研究の凄まじさを感じた。本書の事例部は地域研究者が積み上げてきた緻密な研究成果の表層をすくったに過ぎない。本文中にも記したが、個人化が進み、独裁者「個人」の行動原理を読み解く必要性が高まる現代、地域研究者の力がより一層求められていくだろう。その上で、地域研究と国際政治学の連携の必要性も高まるだろう。

本書が誕生するきっかけは、広島大学で開催された、沖縄返還50周年と川名晋史編『世界の基地問題と沖縄』(明石書店、2022年)の出版を記念するシンポジウム後、懇親会会場に向かうタクシーに明石書店編集者の上田哲平さんと乗り合わせたことだった。上田さんは、昨今のロシア・ウクライナ情勢の話をする中で、権威主義体制と安全保障を結びつけ、一般の方にも手に取っていただけるような本を書いてみたいという筆者の想いを汲んでくださり、電光石火の早業で企画を通してくださった。伝統ある明石書店から無名の研究者の単著を出版するのにはハードルが高かったに違いないが、再び上田さんと仕事をさせていただけるような研究者に成長することが今後の目標である。上田さんは本書の名づけ親でもある。

また、この場を借りて上田さんと引き合わせてくれた川名晋史先生にも御礼を申し上げたい。

博士論文提出後、次の研究テーマに迷っていた私を基地政治研究会に誘ってくださり、『世界の基地問題と沖縄』を上田さんが担当していたことからこのご縁が生まれた。基地政治研究会は公私ともに憧れる先輩たちばかりでそこに居させていただけるだけで身が引き締まるし、楽しい。同研究会の皆さんにも研究を通じてこれから恩返しをしていきたい。

本書はサントリー文化財団、松下幸之助記念志財団、科研費（23K12416）から助成を受けた研究成果の一部である。ここに記して感謝申し上げたい。

2023年5月7日　街の賑わいが戻りつつあるゴールデンウィーク最終日に

大澤　傑

Weeks, Jessica (2014) *Dictators at War and Peace*, Ithaca: Cornell University Press.

新聞記事・インターネット等

中央日報(2012)「金正恩が延坪島挑発を指揮…北朝鮮・労働新聞」『中央日報』3 月 16 日, https://japanese.joins.com/JArticle/149222?sectcode=510&servcode=500, (2023 年 4 月 14 日最終アクセス)。

毎日新聞(2022)「ロシアで『クーデター計画進行中』ウクライナ諜報部門トップ見解」『毎日新聞』5 月 15 日, https://mainichi.jp/articles/20220515/k00/00m/030/014000c, (2022 年 6 月 12 日最終アクセス)。

Autocratic Regime Data, https://sites.psu.edu/dictators/, (2023 年 3 月 26 日最終アクセス)。

BBC (2023)「ロシアが北朝鮮から武器調達を計画,食料と引き換えに=米高官」3 月 31 日, https://www.bbc.com/japanese/65134107, (2023 年 4 月 11 日最終アクセス)。

Coppedge, Michael et al. (2022) "V-Dem [Country-Year/Country-Date] Dataset v12," Varieties of Democracy Project, https://doi.org/10.23696/vdemds22, (2023 年 5 月 1 日最終アクセス)。

Hudson Institute (2018) "Vice President Mike Pence's Remarks on the Administration's Policy Towards China," October 4, https://www.hudson.org/events/1610-vice-president-mike-pence-s-remarks-on-the-administration-s-policy-towards-china102018, (2023 年 4 月 14 日最終アクセス)。

New York Post (2022) "Russia's Vladimir Putin 'Very Ill' with Blood Cancer: Secret Recording," May 14, https://nypost.com/2022/05/14/russias-vladimir-putin-ill-with-blood-cancer-secret-recording/, (2023 年 5 月 1 日最終アクセス)。

North Atlantic Treaty Organization (2023) Relations with Ukraine, April 4, https://www.nato.int/cps/en/natohq/topics_37750.htm, (2023 年 4 月 17 日最終アクセス)。

Official Internet Resources of the President of Russia (2012) "Address to the Federal Assembly," December 12, http://en.kremlin.ru/events/president/news/17118, (2023 年 4 月 17 日最終アクセス)。

The Chosunilbo (2015) "Markets Burgeon in N. Korea," October 26, http://english.chosun.com/site/data/html_dir/2015/10/26/2015102601722.html, (2023 年 4 月 12 日最終アクセス)。

pp. 1172-1190.

Sirin, Cigdem and Michael Koch (2015) "Dictators and Death: Casualty Sensitivity of Autocracies in Militarized Interstate Disputes," *International Studies Quarterly*, Vol. 59, Issue 4, pp. 802-814.

Smyth, Regina (2021) *Elections, Protest, and Authoritarian Regime Stability: Russia 2008-2020*, Cambridge: Cambridge University Press.

Song, Wonjun (2022) "Dictators, Personalized Security Forces, and Coups," *International Interactions*, Vol. 48, No. 2, pp. 204-232.

Song, Wonjun and Joseph Wright (2018) "The North Korean Autocracy in Comparative Perspective," *Journal of East Asian Studies*, Vol. 18, No. 2, pp. 157-180.

Suliman, Adela (2021) "China Could Invade Taiwan in the Next 6 Years, Assume Global Leadership Role, U.S. Admiral Warns," *NBC News*, March 10, https://www.nbcnews.com/news/world/china-could-invade-taiwan-next-6-years-assume-global-leadership-n1260386, (2023 年 4 月 12 日最終アクセス)

Svolik, Milan (2012) *The Politics of Authoritarian Rule*, New York: Cambridge University Press.

Talmadge, Caitlin (2015) *The Dictator's Army: Battlefield Effectiveness in Authoritarian Regimes*, Ithaca: Cornell University Press.

Tang, Liang (2017) *China's Authoritarian Path to Development: Is Democratization Possible?*, New York: Routledge.

Tansey, Oisín (2016) *The International Politics of Authoritarian Rule*, Oxford: Oxford University Press.

Treisman, Daniel (2020) "Democracy by Mistake: How the Errors of Autocrats Trigger Transitions to Freer Government," *American Political Science Review*, Vol. 114, No. 3, pp. 792-810.

Tsebelis, George (2002) *Veto Players: How Political Institutions Work*, New York: Russell Sage Foundation.

Tullock, Gordon (1987) *Autocracy*, New York: Springer.

Van den Bosch, Jeroen (2015) "Personalism: A Type or Characteristic of Authoritarian Regimes?" *Politologická Revue*, No. 1, pp. 11-30.

V-Dem Institute (2022) *Democracy Report 2022: Autocratization Changing Nature?*, V-Dem Institute.

Way, Christopher and Jessica Weeks (2014) "Making It Personal: Regime Type and Nuclear Proliferation," *American Journal of Political Science*, Vol. 58, No. 3, pp. 705-719.

northkorea-smartphones-insight-idUSKBN1WB01Z, (2023年5月2日最終アクセス)

Park, Seong-Yong (2016) "North Korea's Military Policy under the Kim Jong-Un Regime," *Journal of Asian Public Policy*, Vol. 9, Issue 1, pp. 57-74.

Peceny, Mark, Caroline Beer and Shannon Sanchez-Terry (2002) "Dictatorial Peace?" *American Political Science Review*, Vol. 96, Issue 1, pp. 15-26.

Pinckney, Jonathan (2016) *Making or Breaking Nonviolent Discipline in Civil Resistance Movements*, Washington D.C.: ICNC Press.

Raditio, Klaus (2022) "Opinion - Factors Giving Rise to Xi Coup Rumours in China," *E-International Relations*, October 11, https://www.e-ir.info/2022/10/11/opinion-factors-giving-rise-to-xi-coup-rumours-in-china/, (2023年4月16日最終アクセス)

Reese, David (1998) "The Prospects for North Korea's Survival," *The Adelphi Papers*, Vol. 38, Issue 323, New York: Oxford University Press.

Reiter, Dan and Allan Stam (2002) *Democracies at War*, Princeton: Princeton University Press.

Reuter, Ora (2017) *The Origins of Dominant Parties: Building Authoritarian Institutions in Post-Soviet Russia*, Cambridge: Cambridge University Press.

Roessler, Philip (2011) "The Enemy Within: Personal Rule, Coups, and Civil War in Africa," *World Politics*, Vol. 63, No. 2, pp. 300-346.

Roth, Guenther (1968) "Personal Rulership, Patrimonialism, and Empire-Building in the New States," *World Politics*, Vol. 20, No. 2, pp. 194-206.

Saunders, Phillip and Joel Wuthnow (2019) "Large and in Charge: Civil-Military Relations under Xi Jinping," in Phillip Saunders, Arthur Ding, Andrew Scobell, Andrew Yang and Joel Wuthnow eds., *Chairman Xi Remarks the PLA: Assessing Chinese Military Reforms*, Washington D.C.: National Defense University Press, pp. 519-555.

Shambaugh, David (2021) *China's Leaders: From Mao to Now*, Cambridge: Polity Press.

Shevtsova, Lilia (2015) "The Authoritarian Resurgence: Forward to the Past in Russia," *Journal of Democracy*, Vol. 26, No. 2, pp. 22-36.

Shevtsova, Lilia (2017) "The Kremlin Emboldened: Paradoxes of Decline," *Journal of Democracy*, Vol. 28, No. 4, pp. 101-109.

Shirk, Susan (2018) "China in Xi's 'New Era': The Return to Personalistic Rule," *Journal of Democracy*, Vol. 29, No. 2, pp. 22-36.

Sinkkonen, Elina (2021) "Dynamic Dictators: Improving the Research Agenda on Autocratization and Authoritarian Resilience," *Democratization*, Vol. 28, Issue 6,

Authoritarian Asia, Baltimore: Johns Hopkins University Press.

Levitsky, Steven and Lucan Way (2010) *Competitive Authoritarianism: Hybrid Regimes After the Cold War*, Cambridge: Cambridge University Press.

Levitsky, Steven and Lucan Way (2015) "The Myth of Democratic Recession," *Journal of Democracy*, Vol. 26, No. 1, pp. 45-58.

Linden, Magnus and George Wilkes (2022) "Putin: The Psychology behind His Destructive Leadership - and How Best to Tackle It according to Science," *The Conversation*, March 23.

Linz, Juan (1964) "An Authoritarian Regime: Spain," in Erik Allardt and Yrjo Littunen eds., *Cleavages, Ideologies and Party Systems*, Helsinki: Westermarck Society, pp. 291-341.

Linz, Juan (2000) *Totalitarian and Authoritarian Regimes: With a Major New Introduction*, Boulder: Lynne Rienner Publishers.（リンス, J. (1995)『全体主義体制と権威主義体制』高橋進監訳, 法律文化社）

Magaloni, Beatriz (2006) *Voting for Autocracy: Hegemonic Party Survival and Its Demise in Mexico*, Cambridge: Cambridge University Press.

Mansfield, Edward and Jack Snyder (2005) *Electing to Fight: Why Emerging Democracies Go to War*, Massachusetts: The MIT Press.

Martin, Timothy (2018) "How North Korea's Hackers Became Dangerously Good," *The Wall Street Journal*, April 19, https://www.wsj.com/articles/how-north-koreas-hackers-became-dangerously-good-1524150416,（2023年3月26日最終アクセス）

Mattes, Michaela and Mariana Rodríguez (2014) "Autocracies and International Cooperation," *International Studies Quarterly*, Vol. 58, Issue 3, pp. 527-538.

Mattingly, Daniel (2020) *The Art of Political Control in China*, Cambridge: Cambridge University Press.

Meng, Anne (2020) *Constraining Dictatorship: From Personalized Rule to Institutionalized Regimes*, Cambridge: Cambridge University Press.

Navarria, Giovanni (2019) *The Networked Citizen: Power, Politics, and Resistance in the Internet Age*, Singapore: Palgrave Macmillan.

Paik, Haksoon (2023) "Inter-Korean Path to Peace: Jump-Started but Stalled," in Scott Snyder and Kyung-Ae Park eds., *North Korea's Foreign Policy: The Kim Jong-Un Regime in a Hostile World*, London: Rowman & Littlefield Publishers, pp. 65-86.

Park, Ju-min (2019) "How a Sanctions-Busting Smartphone Business Thrives in North Korea," *Reuters*, September 27, https://www.reuters.com/article/us-

Jeung, Young-Tai (2007) *North Korea's Civil-Military-Party Relations and Regime Stability*, Seoul: Korea Institute for National Unification.

Kawashima, Shin (2020) "Chinese New Terminology: 'International Order' and 'World Order'," in Axel Berkofsky and Giulia Sciorati eds., *Mapping China's Global Future: Playing Ball or Rocking the Boat?*, Milano: ISPI, pp. 37-49.

Kendall-Taylor, Andrea and Erica Frantz (2015) "Mimicking Democracy to Prolong Autocracies," *The Washington Quarterly*, Vol. 37, Issue 4, pp. 71-84.

Kendall-Taylor, Andrea, Erica Frantz and Joseph Wright (2017) "The Global Rise of Personalized Politics: It's Not Just Dictators Anymore," *The Washington Quarterly*, Vol. 40, Issue 1, pp. 7-19.

Khoo, Nicholas (2021) "Retooling Great Power Nonproliferation Theory: Explaining China's North Korea Nuclear Weapons Policy," *The Pacific Review*, Vol. 34, No. 4, pp. 523-546.

Kim, Ilpyong (2006) "Kim Jong Il's Military-First Politics," in Young Whan Kihl and Hong Nack Kim eds., *North Korea: The Politics of Regime Survival*, New York: Routledge, pp. 59-74.

Kim, Byung-yeon (2023) "North Korea's Economic Development Strategy under Kim Joung-un," in Scott Snyder and Kyung-Ae Park eds., *North Korea's Foreign Policy: The Kim Jong-Un Regime in a Hostile World*, London: Rowman & Littlefield Publishers, pp. 25-42.

King, Gary, Jennifer Pan and Margaret Roberts (2013) "How Censorship in China Allows Government Criticism but Silences Collective Expression," *American Political Science Review*, Vol. 107, No. 2, pp. 326-343.

King, Gary, Jennifer Pan and Margaret Roberts (2017) "How the Chinese Government Fabricates Social Media Posts for Strategic Distraction, Not Engaged Argument," *American Political Science Review*, Vol. 111, No. 3, pp. 484-501.

Lankov, Andrei (2023) "Making Sense of the *Byungjin* Policy: Goals, Hopes, and Limitations," in Scott Snyder and Kyung-Ae Park eds., *North Korea's Foreign Policy: The Kim Jong-Un Regime in a Hostile World*, London: Rowman & Littlefield Publishers, pp. 3-24.

Lavie, Limor and Bosmat Yefet (2022) "The Relationship between the State and the New Media in Egypt: A Dynamic of Openness, Adaptation, and Narrowing," *Contemporary Review of the Middle East*, Vol. 9, Issue 2, pp. 138-157.

Lee, Terence (2015) *Defect or Defend: Military Responses to Popular Protests in*

Frantz, Erica, Andrea Kendall-Taylor, Carisa Nietsche and Joseph Wright (2021) "How Personalist Politics is Changing Democracies," *Journal of Democracy*, Vol. 32, No. 3, pp. 94-108.

Frantz, Erica, Andrea Kendall-Taylor, Joseph Wright and Xu Xu (2020) "Personalization of Power and Repression in Dictatorships," *The Journal of Politics*, Vol. 82, No. 1, pp. 372-377.

Frantz, Erica, Andrea Kendall-Taylor and Joseph Wright (2018) "Did Xi Jinping Just Become China's Strongman? Not Quite," *The Washington Post*, March 13.

Frantz, Erica, Andrea Kendall-Taylor and Natasha Ezrow (2014) "Autocratic Fate: How Leaders' Post-Tenure Expectations Influence the Behavior of Dictatorships," *Journal of Diplomacy and International Relations*, Vol. 15, No. 1.

Gandhi, Jennifer (2008) *Political Institutions under Dictatorship*, Cambridge: Cambridge University Press.

Geddes, Barbara (1999) "What Do We Know about Democratization after Twenty Years?" *Annual Review of Political Science*, Vol. 2, pp. 115-144.

Geddes, Barbara (2004) "Minimum-Winning Coalitions and Personalization in Authoritarian Regimes," Paper presented at the American Political Science Association Annual Meeting.

Geddes, Barbara, Joseph Wright and Erica Frantz (2014) "Autocratic Breakdown and Regime Transitions: A New Data Set," *Perspectives on Politics*, Vol. 12, No. 2, pp. 313-331.

Geddes, Barbara, Joseph Wright and Erica Frantz (2017) "A Measure of Personalism in Dictatorships," October 9.

Geddes, Barbara, Joseph Wright and Erica Frantz (2018) *How Dictatorships Work*, Cambridge: Cambridge University Press.

Gerschewski, Johannes (2013) "The Three Pillars of Stability: Legitimation, Repression, and Co-optation in Autocratic Regimes," *Democratization*, Vol. 20, Issue 1, pp. 13-38.

Grundholm, Alexander (2020) "Taking It Personal? Investigating Regime Personalization as an Autocratic Survival Strategy," *Democratization*, Vol. 27, Issue 5, pp. 797-815.

Hale, Henry (2015) *Patronal Politics: Eurasian Regime Dynamics in Comparative Perspective*, New York: Cambridge University Press.

IISS (2023) *The Military Balance 2023*, London: Routledge.

Jackson, Robert and Carl Rosberg (1984) "Personal Rule: Theory and Practice in Africa," *Comparative Politics*, Vol. 16, No. 4, pp. 421-442.

Chang, Eric and Miriam Golden (2010) "Sources of Corruption in Authoritarian Regimes," *Social Science Quarterly*, Vol. 91, No. 1, pp. 1-20.

Chehabi, Houchang and Juan Linz eds. (1998) *Sultanistic Regimes*, Baltimore: The Johns Hopkins University Press.

Chin, John, Abel Escribà-Folch, Wonjun Song and Joseph Wright(2022)"Reshaping the Threat Environment: Personalism, Coups, and Assassinations," *Comparative Political Studies*, Vol. 55, Issue 4, pp. 657-687.

Chin, John, Wonjun Song and Joseph Wright (2022) "Personalization of Power and Mass Uprisings in Dictatorships," *British Journal of Political Science*, Vol. 53, Issue 1, pp. 25-44.

Chon, Hyun-Joon, Young-Tae Jeung, Soo-Young Choi and Ki-Dong Lee (2009) *North Korea's Regime Maintenance Policy since the Kim Jong-il Regime and Prospects for Change*, Seoul: Korea Institute for National Unification.

Collins, Robert (2016) *Pyongyang Republic: North Korea's Capital of Human Rights Denial*, Washington D.C.: Committee for Human Rights in North Korea.

Debs, Alexandre (2016) "Living by the Sword and Dying by the Sword? Leadership Transitions in and out of Dictatorships," *International Studies Quarterly*, Vol. 60, No. 1, pp. 73-84.

Debs, Alexandre and Hein Goemans (2010) "Regime Type, the Fate of Leaders, and War," *American Political Science Review*, Vol. 104, No. 3, pp. 430-445.

Dickson, Bruce (2021) *The Party and the People: Chinese Politics in the 21st Century*, Princeton: Princeton University Press.

Dukalskis, Alexander (2017) *The Authoritarian Public Sphere: Legitimation and Autocratic Power in North Korea, Burma, and China*, New York: Routledge.

Escribà-Folch, Abel and Joseph Wright (2010) "Dealing with Tyranny: International Sanctions and the Survival of Authoritarian Rulers," *International Studies Quarterly*, Vol. 54, Issue 2, pp. 335-359.

Fails, Matthew (2020) "Oil Income and the Personalization of Autocratic Politics," *Political Science and Research Methods*, Vol. 8, Issue 4, pp. 772-779.

Fewsmith, Joseph (2021) *Rethinking Chinese Politics*, Cambridge: Cambridge University Press.

Frantz, Erica (2018) *Authoritarianism: What Everyone Needs to Know*, New York: Oxford University Press. (フランツ, エリカ (2021)『権威主義──独裁政治の歴史と変貌』上谷直克・今井宏平・中井遼訳, 白水社)

Frantz, Erica (2021) "Contemporary Challenges to Global Democracy," *The Brown Journal of World Affairs*, Vol. 26, Issue 2, pp. 1-12.

山﨑周（2023）「同盟理論における結束戦略から見た中朝関係と米国要因――米中対立の将来的展望への示唆」『防衛学研究』第 68 号，113-132 頁。

湯浅剛（2019）「クリミア併合とヨーロッパ安全保障」広瀬佳一編『現代ヨーロッパの安全保障――ポスト 2014：パワーバランスの構図を読む』ミネルヴァ書房，97-118 頁。

ラックマン，ギデオン（2022）『強権的指導者の時代――民主主義を脅かす世界の新潮流』村井浩紀監訳，日本経済新聞出版。

ラリュエル，マルレーヌ（2022）『ファシズムとロシア』浜由樹子訳，東京堂出版。

ランコフ，アンドレイ（2015）『北朝鮮の核心――そのロジックと国際社会の課題』山岡由美訳，みすず書房。

李正民（2021）『THE KING 金正恩――危険なゲーム』木村高子訳，東洋経済新報社。

李燦雨（2021）「停滞する北朝鮮の経済改革――市場経済化を阻む『党の支配』」伊集院敦・日本経済研究センター編『金正恩時代の北朝鮮経済』文眞堂，17-36 頁。

リンス，フアン（2020）『民主体制の崩壊――危機・崩壊・再均衡』横田正顕訳，岩波書店。

和田春樹（2012）『北朝鮮現代史』岩波書店。

英語文献

Allison, Graham and Philip Zelikow (1999) *Essence of Decision: Explaining the Cuban Missile Crisis*, 2nd Edition, New York: Longman.
Baturo, Alexander (2014) *Democracy, Dictatorship, and Term Limits*, Michigan: The University of Michigan Press.
Baturo, Alexander and Johan Elkink (2021) *The New Kremlinology: Understanding Regime Personalization in Russia*, Oxford: Oxford University Press.
Blanchette, Jude (2019) *China's New Red Guards: The Return of Radicalism and the Rebirth of Mao Zedong*, New York: Oxford University Press.
Blaydes, Lisa (2010) *Elections and Distributive Politics in Mubarak's Egypt*, New York: Cambridge University Press.
Brooker, Paul (2014) *Non-Democratic Regimes*, 3rd Edition, New York: St. Martin's Press.
Bueno de Mesquita, Bruce, Alastair Smith, Randolph Siverson and James Morrow (2003) *The Logic of Political Survival*, Massachusetts: The MIT Press.
Cabestan, Jean-Pierre (2021) "China's Foreign and Security Policy Institutions and Decision-Making under Xi Jinping," *The British Journal of Politics and International Relations*, Vol. 23, Issue 2, pp. 319-336.

『ROLES REPORT』第 10 号。

溝口修平（2016）「ロシアにおける連邦制の変容とその効果」松尾秀哉・近藤康史・溝口修平・柳原克行編『連邦制の逆説？──効果的な統治制度か』ナカニシヤ出版，174-190 頁。

溝口修平（2020）「ポスト・プーチン時代のロシアと憲法改正」日本国際問題研究所編『ポスト・プーチンのロシアの展望』日本国際問題研究所，7-18 頁。

溝口修平（2022）「ロシアによる非合理的な軍事侵攻とプーチンの『世界観』」『SYNODOS』5 月 2 日。

道下徳成（2013）『北朝鮮瀬戸際外交の歴史──1966 ～ 2012 年』ミネルヴァ書房。

宮本悟（2013）『北朝鮮ではなぜ軍事クーデターが起きないのか？──政軍関係論で読み解く軍隊統制と対外軍事支援』潮書房光人新社。

宮本悟（2021）「北朝鮮の新型コロナ対策と軍事，経済」伊集院敦・日本経済研究センター編『金正恩時代の北朝鮮経済』文眞堂，49-62 頁。

宮本悟（2023）「北朝鮮の世界観から見た世界の対立」池内恵監修，川島真・鈴木絢女・小泉悠編『ユーラシアの自画像──「米中対立／新冷戦」論の死角』PHP 研究所，112-130 頁。

ミラー, トム（2018）『中国の「一帯一路」構想の真相──海と陸の新シルクロード経済圏』田口未和訳，原書房。

村井友秀（2021）『日中危機の本質──日本人の常識は世界の非常識である』PHP 研究所。

毛里和子（2021）『現代中国──内政と外交』名古屋大学出版会。

八塚正晃（2022）「人民解放軍は暴走しないのか」川島真・小嶋華津子編『習近平の中国』東京大学出版会，117-128 頁。

山口信治（2018）「領導小組の制度変化──中国の政策決定における半公式制度の機能の重層化」加茂具樹・林載桓編『現代中国の政治制度──時間の政治と共産党支配』慶應義塾大学出版会，103-129 頁。

山口信治（2020a）「中国共産党と軍の関係」川島真・小嶋華津子編『よくわかる現代中国政治』ミネルヴァ書房，40-41 頁。

山口信治（2020b）「米中戦略的競争と中国の国内要因」日本国際問題研究所編『中国の対外政策と諸外国の対中政策』日本国際問題研究所，15-34 頁。

山口信治（2022）「中国の目指す覇権と国際秩序とはなにか」川島真・小嶋華津子編『習近平の中国』東京大学出版会，145-158 頁。

山口定（1989）『政治体制』東京大学出版会。

山﨑周（2018）「中国外交における『韜光養晦』の再検討──1996 年から用いられるようになった国内の対外強硬派牽制のための言説」『中国研究月報』第 72 巻，第 10 号，1-16 頁。

菱田雅晴・鈴木隆（2016）『超大国・中国のゆくえ3 共産党とガバナンス』東京大学出版会。

平井久志（2011）『北朝鮮の指導体制と後継――金正日から金正恩へ』岩波書店。

平井久志（2022）「金正恩執権 10 年，『人民的首領』への道――北朝鮮 2021 年の内政」日本国際問題研究所編『「大国間競争の時代」の朝鮮半島と秩序の行方』日本国際問題研究所，19-59 頁。

平岩俊司（2010）『朝鮮民主主義人民共和国と中華人民共和国――「唇歯の関係」の構造と変容』世織書房。

平岩俊司（2013）『北朝鮮――変貌を続ける独裁国家』中央公論新社。

平岩俊司（2023）「ウクライナ情勢と中国・朝鮮半島関係――東アジアの構造的変容の可能性と北朝鮮の国防力強化」日本国際問題研究所編『「大国間競争の時代」の朝鮮半島と秩序の行方』日本国際問題研究所，77-86 頁。

ヒル，フィオナ／ガディ，クリフォード（2016）『プーチンの世界――「皇帝」になった工作員』濱野大道・千葉敏生訳，新潮社。

廣瀬陽子（2018）『ロシアと中国――反米の戦略』筑摩書房。

廣瀬陽子（2021）『ハイブリッド戦争――ロシアの新しい国家戦略』講談社。

廣瀬陽子（2022）「研究は戦争を止められないのか」『慶應義塾大学湘南藤沢キャンパス HP おかしら日記』4 月 5 日，https://www.sfc.keio.ac.jp/deans_diary/016182.html，（2022 年 12 月 5 日最終アクセス）。

ファイフィールド，アンナ（2020）『金正恩の実像――世界を翻弄する独裁者』高取芳彦・廣幡晴菜訳，扶桑社。

福田円（2022）「習近平は台湾を『統一』できるのか――対台湾政策の理念・政策・課題」川島真・小嶋華津子編『習近平の中国』東京大学出版会，159-170 頁。

フクヤマ，フランシス（2020）『新版 歴史の終わり』渡部昇一訳，三笠書房。

保坂三四郎（2022）「プーチン・ロシアでクーデターは起こるか？――『国家の中の国家』FSB による浸透・統治とは」『中央公論』2022 年 5 月号，32-39 頁。

細谷雄一（2022）「ウクライナ侵攻 楽観が招いた惨禍 再び」『読売新聞』3 月 6 日。

益尾知佐子（2019）『中国の行動原理――国内潮流が決める国際関係』中央公論新社。

益尾知佐子・青山瑠妙・三船恵美・趙宏偉（2017）『中国外交史』東京大学出版会。

増原綾子（2010）『スハルト体制のインドネシア――個人支配の変容と一九九八年政変』東京大学出版会。

松嵜英也（2022）「なぜゼレンスキーはウクライナの大統領になったのか？――人気タレントから大統領就任への社会的背景」『IDE スクエア』アジア経済研究所，1-11 頁。

松田康博（2017）「中国の対外行動『強硬化』の分析――四つの仮説」加茂具樹編『中国対外行動の源泉』慶應義塾大学出版会，9-29 頁。

松田康博（2021）「習近平の軍事改革――権力集中，軍令・軍政分離，統合促進」

戦争の『教訓』」池内恵監修，川島真・鈴木絢女・小泉悠編『ユーラシアの自画像――「米中対立／新冷戦」論の死角』PHP 研究所，248-274 頁。

鐸木昌之（2014）『北朝鮮 首領制の形成と変容――金日成，金正日から金正恩へ』明石書店。

高橋杉雄（2023）『現代戦略論――大国間競争時代の安全保障』並木書房。

高橋伸夫（2021）『中国共産党の歴史』慶應義塾大学出版会。

武田康裕（2001）『民主化の比較政治――東アジア諸国の体制変動過程』ミネルヴァ書房。

張景俊（2018）『金正恩の精神分析――境界性パーソナリティ障害の背景を読み解く』中藤弘彦訳，えにし書房。

鄭炳浩（2022）『人類学者がのぞいた北朝鮮――苦難と微笑の国』金敬黙・徐淑美訳，青土社。

恒川惠市（2023）『新興国は世界を変えるか――29 ヵ国の経済・民主化・軍事行動』中央公論新社。

鶴岡路人（2023）『欧州戦争としてのウクライナ侵攻』新潮社。

太永浩（2019）『北朝鮮外交秘録――三階書記室の暗号』鐸木昌之監訳，李柳真・黒河星子訳，文藝春秋。

寺林裕介（2021）「米国トランプ政権下における北朝鮮の非核化交渉プロセス――北朝鮮の核・ミサイル能力の向上を踏まえて」『立法と調査』第 440 号，83-95 頁。

内藤二郎（2020）「中国経済の動向と課題」川島真・21 世紀政策研究所編『現代中国を読み解く三要素――経済・テクノロジー・国際関係』勁草書房，39-63 頁。

西野純也（2022）「2022 年朝鮮半島情勢の展望」『NPI Commentary』。

西山美久（2018）『ロシアの愛国主義――プーチンが進める国民統合』法政大学出版局。

西山美久（2023）「歴史認識をめぐる戦い――プーチン政権と独ソ戦の記憶」池内恵監修，川島真・鈴木絢女・小泉悠編『ユーラシアの自画像――「米中対立／新冷戦」論の死角』PHP 研究所，70-90 頁。

ハガード，ステファン／ノーランド，マーカス（2009）『北朝鮮――飢餓の政治経済学』杉原ひろみ・丸本美加訳，中央公論新社。

長谷川雄之（2021）「第 2 次プーチン政権下の憲法改革――制度変更にみる大統領権力」『安全保障戦略研究』第 2 巻，第 1 号，1-19 頁。

ハルパー，ステファン（2011）『北京コンセンサス――中国流が世界を動かす?』園田茂人・加茂具樹訳，岩波書店。

ハンチントン，サミュエル（1995）『第三の波――20 世紀後半の民主化』坪郷實・中道寿一・藪野祐三訳，三嶺書房。

東島雅昌（2023）『民主主義を装う権威主義――世界化する選挙独裁とその論理』千倉書房。

小泉悠（2022a）『ウクライナ戦争』筑摩書房。

小泉悠（2022b）「古くて新しいロシア・ウクライナ戦争」池内恵・宇山智彦・川島真・小泉悠・鈴木一人・鶴岡路人・森聡『ウクライナ戦争と世界のゆくえ』東京大学出版会，19-29 頁。

小泉悠（2022c）『ロシア点描――まちかどから見るプーチン帝国の素顔』PHP 研究所。

小泉悠・熊倉潤（2023）「プーチンと習近平の急所はどこにあるのか?――二つの権威主義体制を徹底解剖」『中央公論』2023 年 3 月号，22-31 頁。

呉国光（2023）『権力の劇場――中国共産党大会の制度と運用』加茂具樹監訳，中央公論新社。

小嶋華津子（2020）「習近平政権の成立」川島真・小嶋華津子編『よくわかる現代中国政治』ミネルヴァ書房，196-197 頁。

小嶋華津子（2022a）「中国は民主化しないのか――近代化論の亡霊」川島真・小嶋華津子編『習近平の中国』東京大学出版会，105-115 頁。

小嶋華津子（2022b）「コロナ禍で現れた習近平政権の『社区』統治」川島真・21 世紀政策研究所編『習近平政権の国内統治と世界戦略――コロナ禍で立ち現れた中国を見る』勁草書房，37-55 頁。

小原雅博（2022）『戦争と平和の国際政治』筑摩書房。

金野純（2022）「共産党は『良い統治』を実現できるか――法の支配，党組織の健全化，社会の安定化」川島真・小嶋華津子編『習近平の中国』東京大学出版会，69-86 頁。

斎藤直樹（2013）『北朝鮮危機の歴史的構造――1945-2000』論創社。

佐橋亮（2021）『米中対立――アメリカの戦略転換と分断される世界』中央公論新社。

志田淳二郎（2021）『ハイブリッド戦争の時代――狙われる民主主義』並木書房。

下斗米伸夫（2020）『新危機の 20 年――プーチン政治史』朝日新聞出版。

下斗米伸夫（2022）『プーチン戦争の論理』集英社インターナショナル。

習近平（2018）『習近平国政運営を語る 第二巻』日文翻訳組訳，外文出版社。

習近平（2021）『習近平国政運営を語る 第三巻』日文翻訳組訳，外文出版社。

シュミッター，フィリップ／オドンネル，ギジェルモ（1986）『民主化の比較政治学――権威主義支配以後の政治世界』真柄秀子・井戸正伸訳，未來社。

杉浦康之（2020）「軍の組織機構」川島真・小嶋華津子編『よくわかる現代中国政治』ミネルヴァ書房，42-43 頁。

杉浦康之（2022）『中国安全保障レポート 2022』防衛研究所。

鈴木隆（2022）「『中華民族の父』を目指す習近平，あるいは『第二のブレジネフ』か『第二のプーチン』か――権力，理念，リーダーシップ，将来動向」川島真・小嶋華津子編『習近平の中国』東京大学出版会，87-104 頁。

鈴木隆（2023）「『お仲間』の政治学――中国のロシア政治研究とロシア・ウクライナ

片山ゆき（2022）「高齢化は中国に何をもたらすか」川島真・小嶋華津子編『習近平の中国』東京大学出版会，41-49 頁。

角崎信也（2013）「中国の政治体制と『群体性事件』」鈴木隆・田中周編『転換期中国の政治と社会集団』国際書院，209-245 頁。

ガビドゥリン，マラート（2023）『ワグネル――プーチンの秘密軍隊』小泉悠監訳，中市和孝訳，東京堂出版。

加茂具樹（2020）「諮問機関――人民政治協商会議」川島真・小嶋華津子編『よくわかる現代中国政治』ミネルヴァ書房，38-39 頁。

加茂具樹（2022）「中国――共産党と国家建設」粕谷祐子編『アジアの脱植民地化と体制変動――民主制と独裁の歴史的起源』白水社，371-395 頁。

茅原郁生（2018）『中国人民解放軍――「習近平軍事改革」の実像と限界』PHP 研究所。

川島真（2020a）「ソ連の解体と中央アジア外交」川島真・小嶋華津子編『よくわかる現代中国政治』ミネルヴァ書房，124-125 頁。

川島真（2020b）「現代中国を読み解く三要素――経済・テクノロジー・国際関係」川島真・21 世紀政策研究所編『現代中国を読み解く三要素――経済・テクノロジー・国際関係』勁草書房，3-36 頁。

川島真（2023）「外へと滲み出る内部の論理――中国の『カラー革命』認識と国家の安全」池内恵監修，川島真・鈴木絢女・小泉悠編『ユーラシアの自画像――「米中対立／新冷戦」論の死角』PHP 研究所，226-246 頁。

ギルピン，ロバート（2022）『覇権国の交代――戦争と変動の国際政治学』納家政嗣監訳，徳川家広訳，勁草書房。

クラウゼヴィッツ（2001）『戦争論』清水多吉訳，中央公論新社。

倉田徹・熊倉潤（2022）「中国では『人権』をどのように考えているのか――『少数派』と周辺地域への帰順の強制」川島真・小嶋華津子編『習近平の中国』東京大学出版会，131-143 頁。

倉田秀也（2023）「朝鮮労働党第 8 回大会『戦略的課題』と核使用原則――『対兵力攻撃』の概念と『報復』と『先制』の比重」日本国際問題研究所編『「大国間競争の時代」の朝鮮半島と秩序の行方』日本国際問題研究所，11-26 頁。

栗原克己（2021）「ロシアにおける社会院――上からの『結社民主主義』か」『ロシア・東欧研究』第 50 号，126-147 頁。

小泉直美（2023）「なぜロシアはウクライナを侵攻したのか」宮脇昇編『ウクライナ侵攻はなぜ起きたのか――国際政治学の視点から』早稲田大学出版部，95-121 頁。

小泉悠（2019）『「帝国」ロシアの地政学――「勢力圏」で読むユーラシア戦略』東京堂出版。

小泉悠（2021）『現代ロシアの軍事戦略』筑摩書房。

最終アクセス）。

礒﨑敦仁・澤田克己（2017）『新版 北朝鮮入門――金正恩体制の政治・経済・社会・国際関係』東洋経済新報社。

伊藤亜聖（2020）「『一帯一路』構想」川島真・小嶋華津子編『よくわかる現代中国政治』ミネルヴァ書房，210-211 頁。

猪木正道（2019）『独裁の政治思想』KADOKAWA。

林載桓（2018）「『集団領導制』の制度分析――権威主義体制，制度，時間」加茂具樹・林載桓編『現代中国の政治制度――時間の政治と共産党支配』慶應義塾大学出版会，79-102 頁。

ウェルチ，デイヴィッド（2022）「ウクライナ戦争が提起する五つの論点」『アステイオン』第 97 号，16-28 頁。

ウェーバー，マックス（1970）『支配の諸類型』世良晃志郎訳，創文社。

エルチャニノフ，ミシェル（2022）『ウラジーミル・プーチンの頭のなか』小林重裕訳，すばる舎。

王雪萍（2020）「江沢民と愛国主義教育」川島真・小嶋華津子編『よくわかる現代中国政治』ミネルヴァ書房，130-131 頁。

大内憲昭（2016）『朝鮮民主主義人民共和国の法制度と社会体制――朝鮮民主主義人民共和国基本法令集付』明石書店。

大串敦（2018）「重層的マシーン政治からポピュリスト体制への変容か――ロシアにおける権威主義体制の成立と展開」川中豪編『後退する民主主義，強化される権威主義――最良の政治制度とは何か』ミネルヴァ書房，159-188 頁。

大串敦（2022）「求心的多頭競合体制から中央・地方遊離型ポピュリスト体制へ――2014 年以後のウクライナ政治体制の変容と対露関係」『東亜』第 661 号，10-17 頁。

大澤傑（2020）『独裁が揺らぐとき――個人支配体制の比較政治』ミネルヴァ書房。

大澤傑（2022a）「習近平の『個人化』から見る中国による台湾侵攻の可能性――ロシアとの比較を通じて」『交流』第 975 号，1-7 頁。

大澤傑（2022b）「『個人化』するロシアの権威主義体制――政治体制から読み解くウクライナ侵攻」『SYNODOS』7 月 22 日。

大澤文護（2017）『金正恩体制形成と国際危機管理――北朝鮮核・ミサイル問題で日本人が本当に考えるべきこと』唯学書房。

小笠原欣幸（2019）『台湾総統選挙』晃洋書房。

小此木政夫（2018）『朝鮮分断の起源――独立と統一の相克』慶應義塾大学出版会。

オーバードーファー，ドン／カーリン，ロバート（2015）『二つのコリア――国際政治の中の朝鮮半島 第 3 版』菱木一美訳，共同通信社。

オーウェル，ジョージ（2021）『1984』田内志文訳，KADOKAWA。

梶谷懐・高口康太（2019）『幸福な監視国家・中国』NHK 出版。

主要参考文献

日本語文献

青山瑠妙（2020）「中国と国際秩序」川島真・21 世紀政策研究所編『現代中国を読み解く三要素――経済・テクノロジー・国際関係』勁草書房，151-171 頁。

朝日新聞国際報道部（2019）『プーチンの実像――孤高の「皇帝」の知られざる真実』朝日新聞出版。

安達祐子（2016）『現代ロシア経済――資源・国家・企業統治』名古屋大学出版会。

安達祐子（2022）「オリガルヒへの制裁に効果はあるか――プーチン政権を支える新興財閥」『外交』第 72 号，48-51 頁。

阿南友亮（2017）『中国はなぜ軍拡を続けるのか』新潮社。

天児慧（2015）『「中国共産党」論――習近平の野望と民主化のシナリオ』NHK 出版。

アリソン，グレアム（2017）『米中戦争前夜――新旧大国を衝突させる歴史の法則と回避のシナリオ』藤原朝子訳，ダイヤモンド社。

五十嵐隆幸（2021）『大陸反攻と台湾――中華民国による統一の構想と挫折』名古屋大学出版会。

五十嵐隆幸（2022）「『今日のウクライナは，明日の台湾』になるのであろうか?」『交流』第 974 号，11-17 頁。

伊集院敦（2021）「矛盾抱えた『金正恩経済学』の 10 年――改革開放と安保・体制維持のジレンマ」伊集院敦・日本経済研究センター編『金正恩時代の北朝鮮経済』文眞堂，1-15 頁。

礒﨑敦仁（2006）「北朝鮮政治体制論の研究動向と『スルタン主義』」世界政経調査会国際情勢研究所事務局編『国際情勢――紀要』第 76 号，107-119 頁。

礒﨑敦仁（2019）『北朝鮮と観光――観光で読み解く金正恩政権の実態』毎日新聞出版。

礒﨑敦仁（2021a）「金正恩政権の観光政策――コロナ禍における観光地区開発」伊集院敦・日本経済研究センター編『金正恩時代の北朝鮮経済』文眞堂，63-75 頁。

礒﨑敦仁（2021b）「原点回帰の朝鮮労働党第 8 回大会」『東亜』第 646 号，2-9 頁。

礒﨑敦仁（2022a）「北朝鮮――金日成体制確立の初期過程」粕谷祐子編『アジアの脱植民地化と体制変動――民主制と独裁の歴史的起源』白水社，311-339 頁。

礒﨑敦仁（2022b）「核と経済と腐敗 金正恩氏は演説で何を語ったか」『JIJI.COM』12 月 4 日，https://www.jiji.com/jc/v8?id=2022korea36,（2023 年 5 月 2 日

ま

や

ら

わ

な

は

た

さ

事項索引

あ

か

人名索引

【著者紹介】

大澤　傑（おおさわ　すぐる）

1987年愛知県生まれ
上智大学大学院グローバル・スタディーズ研究科修士課程修了
防衛大学校総合安全保障研究科博士課程修了
博士（安全保障学）
駿河台大学法学部助教を経て，2021年4月より愛知学院大学文学部講師

〔主な著書・論文〕

『世界の基地問題と沖縄』（分担執筆）明石書店，2022年
『よくわかる国際政治』（分担執筆）ミネルヴァ書房，2021年
『独裁が揺らぐとき――個人支配体制の比較政治』ミネルヴァ書房，2020年〔ラテン・アメリカ政経学会2021年度研究奨励賞〕
「『個人化』するロシアの権威主義体制――政治体制から読み解くウクライナ侵攻」『SYNODOS』，2022年
「習近平の『個人化』から見る中国による台湾侵攻の可能性――ロシアとの比較を通じて」『交流』第975号，1-7頁，2022年
「台湾の二大政党制は揺らぐのか――権威主義継承政党が政党システムに与える影響」（共著）『問題と研究』第51巻，第2号，153-184頁，2022年
「米比関係と非対称理論――在比米軍基地を事例として」『コスモポリス』第16号，17-27頁，2022年
「ニカラグアにおける個人化への過程――内政・国際関係／短期・長期的要因分析」『国際政治』第207号，33-48頁，2022年〔日本国際政治学会2022年度奨励賞〕

「個人化」する権威主義体制
——侵攻決断と体制変動の条件

2023年7月20日　初版第1刷発行

著　者——大 澤　　傑
発行者——大 江 道 雅
発行所——株式会社 明石書店

〒101-0021　東京都千代田区外神田6-9-5
電話 03（5818）1171　FAX 03（5818）1174
https://www.akashi.co.jp/

装　幀　　清水肇（prigraphics）
印　刷　　株式会社 文化カラー印刷
製　本　　協栄製本 株式会社

ISBN 978-4-7503-5609-9

（定価はカバーに表示してあります）

エリア・スタディーズ169

ウクライナを知るための65章

服部倫卓、原田義也 編著

■四六判／並製／416頁 ◎2000円

2014年ウクライナのクリミアをロシアが併合したことは全世界を驚かせた。そもそもウクライナとはどういう国なのか。本書は、ウクライナを自然環境、歴史、民族、言語、宗教など様々な面から、ウクライナに長らくかかわってきた執筆者によって紹介する。

内容構成

I ウクライナのシンボルと風景
青と黄のシンボリカ／世界史の舞台としてのウクライナ ほか

II ウクライナの民族・言語・宗教
ロシアにとってのウクライナ／三つの正教会と東方典礼教会 ほか

III ウクライナの歴史
キエフ・ルーシとビザンツ帝国／ロシア帝国下のウクライナ ほか

IV ウクライナの芸術と文化
ロシア文学とウクライナ／ウクライナ料理へのいざない ほか

V 現代ウクライナの諸問題
独立ウクライナの歩みの概観／ウクライナの対ロシア関係 ほか

ロシアの歴史を知るための50章
エリア・スタディーズ 152 下斗米伸夫編著 ◎2000円

ベラルーシを知るための50章
エリア・スタディーズ 158 服部倫卓、越野剛編著 ◎2000円

現代中国を知るための52章【第6版】
エリア・スタディーズ 8 藤野彰編著 ◎2000円

台湾を知るための72章【第2版】
エリア・スタディーズ 147 赤松美和子、若松大祐編著 ◎2000円

華僑・華人を知るための52章
エリア・スタディーズ 196 山下清海著 ◎2000円

北朝鮮を知るための55章【第2版】
エリア・スタディーズ 53 石坂浩一編著 ◎2000円

北朝鮮 首領制の形成と変容 金日成、金正日から金正恩へ
鐸木昌之著 ◎2800円

朝鮮民主主義人民共和国の法制度と社会体制
朝鮮民主主義人民共和国基本法令集付
大内憲昭著 ◎9200円

〈価格は本体価格です〉

エリア・スタディーズ195●

NATO（北大西洋条約機構）を知るための71章

広瀬佳一 編著

■四六判／並製／388頁 ◎2000円

2022年ロシアのウクライナ侵攻により改めて世界の注目を集めているNATO（北大西洋条約機構）。その組織構造、成立の歴史、拡大する機能・加盟国、戦略概念の変遷、そして日本との関わり等を各分野の専門家が解説。激変する国際安全保障を知るうえで必読の書。

●内容構成●

Ⅰ NATOとはどのような組織か 機構と意思決定／共通予算と軍事費／任務・作戦と軍事演習 ほか

Ⅱ 冷戦期の展開 NATOの起源／核共有とNPG ほか

Ⅲ 冷戦の終焉 新しい安全保障環境とNATO ほか

Ⅳ 冷戦後の危機管理 危機管理のはじまりとボスニア紛争 ほか

Ⅴ 冷戦後の拡大をめぐって NATO拡大の展開 ほか

Ⅵ ウクライナ危機とNATO主要国の対応 北欧のNATO原加盟国／ハンガリーの東方開放政策 ほか

Ⅶ 集団防衛への回帰――今後のNATO ロシア・ウクライナ戦争をめぐるNATOの戦い ほか

Ⅷ 日本とNATO 「自由で開かれたインド太平洋」における日NATO協力 ほか

EUの世界戦略と「リベラル国際秩序」のゆくえ ブレグジット、ウクライナ戦争の衝撃
中村英俊、臼井陽一郎編著 ◎3000円

トライバル化する世界 集合的トラウマがもたらす戦争の危機
クルト・ドゥブーフ著 臼井陽一郎監訳 小松﨑利明、武田健、松尾秀哉訳 ◎2400円

戦後米国の対台湾関係の起源 「台湾地位未定論」の形成と変容
鍾欣宏著 ◎4200円

新しい国際協力論【第3版】 グローバル・イシューに立ち向かう
山田満、堀江正伸編著 ◎2600円

平和構築のトリロジー 民主化・発展・平和を再考する
山田満著 ◎2500円

現代世界の紛争解決学 予防・介入・平和構築の理論と実践
オリバー・ラムズボサム、トム・ウッドハウス、ヒュー・マイアル著 宮本貴世訳 ◎7000円

自己決定権をめぐる政治学 デンマーク領グリーンランドにおける「対外的自治」
高橋美野梨著 ◎7000円

危機の時代の市民と政党 アイスランドのラディカル・デモクラシー
塩田潤著 ◎3600円

〈価格は本体価格です〉